紐西蘭 的 活潑教育

移民留學之教育指南

林爽、張雲騰/著

新版感言

林爽

「十年樹木，百年樹人」，教育是一項長遠工程；而素質教育更是以提高國民素質為根本標準的社會系統工程。

我很欣賞居住國紐西蘭培植樹苗的方式：先以鐵圈圍住樹身，再以寬布條扣緊樹幹，固定於鐵圈左右兩側；目的是讓樹苗不受風力影響而歪倒，使樹木能挺直長成大樹。

總覺得教養孩子就像培植樹苗，父母若在子女年幼時多花點時間，教導他們養成良好習慣，長大後孩子誤入歧途的機會也相應減少；父母也可更省心。相反的，若在孩子小時候掉以輕心，等他們壞習性定型後，再管教、糾正就費時費力多了。

教育不單是學校教師的責任，更多的是家長責任。事實上，家長就是孩子一生的首位教師。我終生追求教育、熱愛教育，在香港當了二十年教師後移居紐西蘭，也是為了給兩名兒子提供更理想教育機會；自己亦繼續學習並從中實踐西方教育理論。

華人家長大多重視教育，總抱「望子成龍、望女成鳳」的熱切心態；卻給孩子身心造成極大壓力，親子間也因此產生了巨大鴻溝與不必要紛爭。

移居紐西蘭後，眼看西方教育著重以學生為本（Child-centered），讓孩子寓學習於遊戲，從而培養出創新精神及動手能力；也提高自動自

覺學習的興趣。這種「以人為本」的活潑學習法不但改變了個人不少固有思維，也頓開茅塞。活潑教育確實比大部分亞洲國家的填鴨式教育更具成效，也備受孩子歡迎。總覺得，孩子如何學習得更好？生活是否快樂？遠比他們是否取得優異成績，能否進入名校來得更重要。需知道不快樂的孩子學習成績也肯定不理想，這是很多家長所忽略的；有些家長甚至漠視子女情緒、社交及動手能力，只一味要求孩子圓他們的「名校虛榮夢」。結果，愛變成害，傷了幾許親子情、也毀了不少孩子的童真！

身為家長，也是老師的我，移民後毅然決定再到奧克蘭大學當「老學生」。在獲得教育學位後，終於悟出「取西方教育之長，補東方教育之短」的折衷辦法；也就是將枯燥無味的填鴨式教育，變成趣味無窮的活潑教育。1999年，我實現理想，出版了《紐西蘭的活潑教育》一書，給華人移民家長提供了一系列與幼兒在家同學習、同遊戲的有趣方法，藉以培養孩子動手能力、營造親子間情趣；從而達到溫馨同學習，快樂同遊戲的理念。該書深受歡迎，徹底顛覆了一般華人家長根深蒂固的傳統思想──認為遊戲與學習無法同時並存的錯誤觀念；也出乎意外為我帶來了中國國務院僑務辦公室頒授的「海外優秀華文教育工作者」稱號。

當今既是知識經濟年代，也是新科技世紀。鼓勵孩子自動、自發學習，發掘他們創新思考的能力確實是急不容緩的有效學習法；也間接為他們進入社會預先打好基礎。因此親子溫馨同學習、快樂同遊戲至關重要！

恆古以來，教養子女就是一門大學問。兒童精力充沛、活動力

旺盛，而且愛新奇、好發問；往往令父母傷透腦筋。很多家長視子女活潑好動為「頑皮」，好發問為「多嘴」；這的確低估了孩子，也冤枉了他們。其實只要父母能持之以恆，每天抽出半個小時，耐心與孩子同遊戲、同學習，就能促進親子間和諧感情；既可減少孩子調皮機會、增加通識，也能讓他們在愉快氛圍中，寓學習於遊戲，享受快樂人生。

中國古語謂：「養兒一百歲，常憂九十九」。可見每個階段的子女都會出現令父母擔心的狀況；只是父母必須有耐性、愛心，種種難題才能迎刃而解。教育子女必須「三心兩意」，三心是耐心、用心與愛心；兩意是堅定意志與統一意念。只有雙親同心同德、理念一致，教育子女成材也事半功倍。賞識教育家周弘說過：「沒有種不好的莊稼，只有不會種莊稼的農民」。意思就是：沒有教養不好的孩子，只有不懂教養的父母。

在資訊發達、生活緊張的網路時代，不懂教養孩子的父母卻越來越多，原因是太少父母願意花時間在管教孩子的課題上。俗語說得好：「三歲定八十」。家庭是「製造人類性格的工廠」，而父母則是幼兒最早的老師；因此再忙也千萬別將管教子女的責任全交給媬姆、祖父母，甚至電玩、電視。父母若肯在子女年幼時多花時間教導他們養成良好習慣，長大後子女誤入歧途的機會也相應減少；父母也可更省心。相反的，要是在子女小時候對他掉以輕心，等到孩子壞習性定型後，再要管教就為時已晚，也更費時、費力了。

本書能得再版，主要歸功於台、紐教育界資深老師張雲騰，他是此書新版的促生者。很榮幸能與張老師攜手合作，由他提供一系列紐

西蘭高中教育的寶貴新資料，使得本書更臻完善，也更具可讀性。

　　衷心期盼《紐西蘭的活潑教育》新版對更多關心教育的父母有所幫助，是我所願！

2014年12月28日

序言／關鍵的中學教育

張雲騰

1999年拜讀《紐西蘭的活潑教育》一書，我是一個受教良多的讀者，16年後此書修訂再版發行，內容從學前教育、小學教育擴充到了中學教育，承蒙原作者林爽老師相邀，我變成了《關鍵的中學教育》這一部分的作者。機緣，真是一件奇妙的事情！

如果不是做培訓教育，我可能沒機會全面探討紐西蘭的中學教育。從四年半之前開始，我每週為《先驅報》的《張老師談教育》撰寫一篇專欄稿；每週二在《AM936華人之聲電台》主持的《優秀是教出來的》節目也邁入了第9個年頭。今天，我能夠深入了解紐西蘭的中學教育，除了一股使命感之外，也可以說是家長和孩子們給逼出來、教出來的。眾多家長、讀者、聽眾朋友們多年來的鼓勵和支持，讓我成為一個「終身學習」的實踐者，謹此獻上深深的謝忱。

回頭省視《關鍵的中學教育》17篇稿子，再讓我從頭寫起，可能沒這份心力了。因為，同時實施NCEA、IB、劍橋這三種差異很大的中學課程和學制，全世界有那一個四百多萬人口的小國家能把中學教育弄得如此複雜？天才紐西蘭人！我真的服氣了！當然，這也展現了紐西蘭中小學教育的活潑、開放與多元，孩子們有很大的選擇權。

《先驅報》於2015年1月24日以頭版刊登了記者康妮女士對我的專訪，林爽老師認為有助於讓家長朋友們了解我撰寫《關鍵的中學教

育》之背景，因此建議將專訪列為這個部分的第一篇。專訪原標題為《他把學生送入世界名校》，只有就讀世界名校的孩子才有遠大的前途嗎？張老師絕對無法認同，那只是孩子們生涯規劃的另一種選擇而已。移民來到世外桃源般的紐西蘭，如果孩子又要離家遠赴美國英國，確實是很多人心頭的糾結。怎樣的人生最美好？沒有標準答案，「平凡的幸福」或許比「輝煌的榮耀」更值得珍惜呢！

　　林爽老師關懷教育和人文的熱情令人感佩，也感謝《先驅報》和記者康妮女士同意轉載相關文稿到本書！《關鍵的中學教育》文稿完成於2015年1月31日之前，若因之後的課程或規定更新而造成困惑，竭誠歡迎讀者朋友通過出版社聯繫本人。

　　盼望家長朋友們不要為孩子們的教育感到焦慮，因為，電影《侏儸紀公園》中那一句「生命會自己找到出路」，在紐西蘭更顯得真實而貼切。孩子們盡力了、進步了、健康快樂地生活著，就是一件美好的事情。

2015年3月 寫於奧克蘭

代序／雙帽人與獨木橋

　　假如有人問我，妳為什麼要當老師？我的答案會是：因為我重視教育，也因能夠為學生們傳道、授業、解惑而感到滿足；同時更因經常與天真無邪的孩子相處而不知老之將至，永遠保持心境青春，樂觀進取。這就是我移民後仍然服務於教育界的原因，看來我將會是一生不離校園的了！

　　我在「奧克蘭教育學院」的日常工作並不局限於協助移民學生，而是普遍地推及至教師與家長當中。例如：與正在受訓的紐西蘭教師分享中國文化背景及亞洲國家的教育體系，以便他們對華人移民學生更多了解；同時為了讓華人移民家長能更了解紐西蘭學制，也經常為各中、小學校召開家長座談會；接觸面也就比在老家時只在學校教書來得廣泛且更具挑戰性了。

　　上司經常開玩笑說我是「雙帽人」，也是「獨木橋」。那是由於我既是教育學院顧問，又是兩名兒子學校的「校董會」及「家長教師協會」主要成員，於是成了學校及家庭之間一道橋樑；而對於這雙重身份，我也盡量保持界線分明與稱職。

　　多年來由於華人移民學生增加而經常到奧市各初中及小學走動，為老師提供教學建議、替英語較差的學生解決問題、進行母語評估等；有必要時還得家訪，再寫成報告向校長及教師匯報，因此與學校

及家長接觸的機會也相應增多。

曾與若干校長及教師談起華人移民學生在其學校的表現，他們表示此等學生大致上表現都不錯，有些特別用功及肯自動自發學習的學生更是進步神速；甚至對本地同學也起了互相鼓勵及認真求學的帶頭作用。但是少數對學習較為被動的學生，則因種種原因而令師長頗為操心。

有位女老師告訴我，她班上有一名已移民來紐兩年多的小男生，到現在連二十六個字母還分不清。因此，她建議華人家長必須鼓勵子女在校內應盡量融入本地同學圈子，多找機會聽、講英語，這樣才能學好口語，也不會因為經常與華人同學在一起自成一圈；與本地同學格格不入而形成隔膜。其實，大部分小孩子的吸收力都很強，只要他們能與本地同學常玩在一起，口語問題一定很快便可解決。

類似上述情況的學生，我通常會給他們先作母語評估，了解其家庭背景，再給老師提出意見及建議。往往發現對學習英語有抗拒感的孩子，原因多來自家長。有些家長本身對新鄉就毫無歸宿感，帶孩子移民只是暫時性，或為特別理由而經常帶孩子奔波兩地，在這樣動機不良的情況下，「滾石無青苔」，孩子自然無法學好英語。也有些家長在移民後，繼續把老家那套課後補習的緊張日程帶過來。孩子習慣了這裏的輕鬆活動教育法，對於回家後被排得滿滿的補習時間表自是產生抗拒感；於是索性放棄不學習。

我向來不主張給孩子太多課外補習，因為一般心智無大問題的孩子，在正常課業上已能學得不少通識，根本就無必要額外補習。至於那些非唸書材料的孩子，給他們勉強補習只是浪費金錢，非但無效，

反增孩子反抗心與挫折感。倒不如讓他們自由發展，找們有興趣的手藝或術科好好發揮一下，讀不成書的人並不等於沒前途。「天生我才必有用」，尤其是紐西蘭的活潑教育，更能迎合不同潛能的孩子發揮所長！

有位校長曾向我反映，大部分華人移民家長並不熱衷參與校政，他們在孩子剛入學時也許會出席首次召開的家長會，但往後對於學校的任何活動都不大關心，結果孩子學校發生的事，他們一無所知；這樣也會給孩子不良榜樣。久而久之，孩子對就讀學校也毫無歸宿感。就我所知，這除了華人家長對本地教育體系、制度不大了解，總抱著中國人保守傳統思想，認為到學校去見老師多是子女出了差錯的心理外，也有因為語言不通而怕引起誤會；因此就索性不參與學校任何活動。可是，這裏的師長卻認為學校與家庭及社區之間必須合作無間，才能更有效地教導好學生。

我就經常鼓勵華人家長多關心子女學校動態，隨時到學校協助課外活動，這樣不但自己子女因父母的熱心參與而引以為榮，也會受到其他學生、家長的歡迎與尊敬；從而達到惠人利己效果。而家長通過本身參與，對於本地學制也有所認識，實在是一舉多得。

為此，我這「雙帽人」與「獨木橋」就更加責無旁貸，決心把多年來的工作經驗與個人參與學校各種活動的實際體驗記錄下來；一來可作個人回憶，二來也可與其他家長分享。而本書的初稿就在如此情況下有計劃地孕育而成。

盼望中、港、台及紐西蘭所有關心教育的華人讀者在閱讀本書後，能對紐西蘭的活潑教育法有所認識與了解。同時，由於本地教育

體制不斷改革，本書內容雖已盡量跟隨最新學制，力求準確；然仍有不周之處，還望各位讀者多多包涵，不吝指正。

2009年11月寫於奧克蘭初夏

僅以本書獻給所有關心教育的人士
——特別是紐西蘭的華人家長

林爽

緒言

「十年樹木，百年樹人」說明了教育乃百年大計，尤其是中國人根深蒂固的傳統思想，總認為是「萬般皆下品，唯有讀書高」。因此對子女的教育也就格外關心。

近十年來，紐西蘭華人移民日增，而他們之中，大多是為了提供適齡子女的教育而來的。但是當他們把子女送進紐西蘭學校後，卻因這裡的教育制度與原居地大相徑庭而感到無所適從，同時對於夾在中西文化鴻溝的子女也感到愛莫能助；究其原因，皆因中西文化背景及教育制度不同所致。

西方教育注重訓練學生的獨立思考及分析能力，鼓勵學生主動思考與創作，故而採用從實踐中學習的啟發式教育法；同時更注重課外活動，以期把學生訓練成動靜皆宜，身心健全的完人。這與亞洲國家的注重知識灌輸，以統一教材按步就班施教，學生只成為會死唸書的書呆子，趕功課的機械人相去甚遠。尤其是在1989年，紐西蘭的教育政策經過了重大改革後，一般小學均採用了活潑綜合教法（也稱活動教育法），更使很多只受過傳統教育法的家長們感到困擾。

本書特就紐西蘭現行教育制度而作出有系統的介紹，全書共分「愉快的學前教育」及「活潑的小學教育」兩大部分。

　　學前教育部分特別為家長介紹紐西蘭的幼兒教育，一般的幼稚園課程和活動；並為家長介紹「遊戲學習在家中」專欄，好讓家長負起「子女第一教師」的責任。同時也可先為子女預習幼稚園課程的有趣活動；從而通過遊戲而增加親子之間感情。

　　小學教育部分則分為五章，由子女入學前準備，一般國立小學情況引申至家長如何協助子女等問題，以達到家庭與學校間互相合作目的，最末一章更向家長介紹紐西蘭教育史，課程體制及華文教育發展史等。

　　本書各章內容完全獨立，讀者可依個人興趣及需求作先後參閱，而無須依章節次閱讀，盼各家長通過閱讀本書而對紐西蘭現行幼兒園及中、小學教育制度有所認識，從而解開心中疑結，並對子女在紐西蘭所受的活潑教育有所了解與肯定，則是本人所願。

1999年7月

紐西蘭第二屆專業華人成就獎
林爽獲一等獎

黃戊昆（紐西蘭華文作家協會創會會長）

由「紐西蘭職業華人協會」主辦，「屋崙華僑會所」及「奧克蘭大學亞洲研究學院」協辦的第二屆專業華人成就獎，於1999年8月11日在奧克蘭凱悅酒店（Hyatt Hotel）舉行了頒獎儀式，林爽女士獲一等獎殊榮。

「專業華人成就獎」始於1996年，每隔兩年舉辦一次。本屆共有二十多位參賽，評委會由四位華洋專家所組成；另外尚有紐西蘭前任總督Sir Paul Reeves、黃徐毓芳議員，華僑會所主席陳靄筠先生、紐西蘭皇家學會榮譽會員John Boys教授等位榮譽評委。當晚各候選人呈現成果後，評選出一、二、三等獎共四名。分別為：一等獎林爽女士，二等獎詹烽先生，三等獎姚家龍先生與王雲先生。四位得獎者均用英語公開向評審團發表專題演講。評審準則共有兩個：一是有關人士在事業發展及卓越成就方面作出的貢獻，二是對紐西蘭社會及經濟發展所作出的貢獻。

以下是九九年華人職業成就獎得主林爽在專業發展的卓越成就及對紐西蘭社會與經濟發展所作出的貢獻：

林爽女士現任奧克蘭教育學院（Auckland College Of Education）屬下的新移民及多元文化教育組（NEW-SETTLERS-AND-MULTICULTURAL

-EDUCATION-TEAM）的華、粵、英語顧問。畢業於奧克蘭大學教育系；持有紐西蘭及香港合格教育文憑。曾任香港小學教師達二十年，能操流利普通話、粵語、潮州話及英語。

林女士特別關心教育，也是奧克蘭市各學校與華人家長間的一道橋樑。主要工作是替華人學生作母語評估，為教師提供意見，輔導華人學生盡快適應本地教育制度；也常為學校召開華人家長會，更定時到奧克蘭教育學院為本地受訓教師灌輸中國文化及儒家思想。

林爽女士於1990年隨丈夫攜兩子移居紐西蘭奧克蘭市，現居豪域區（Howick）。她曾是（Botany Downs）小學家長教師協會（PTA）成員。林爽崇尚多元文化，致力於推廣跨文化關係及種族融和，促進新移民與本地人士之間相互了解。1996年她創辦了「東區語言交流園地」及「南區語言交流園地」，目的是使新移民減少語言障礙、盡快融入主流社會；同時也介紹本地人士認識中國優良傳統及文化，加深了解、減少種族衝突；使各民族融洽相處。多年來林爽每週犧牲週末享受天倫樂的寶貴時間，為新移民義務教授英語，這種偉大忘我精神難能可貴，令人敬佩！

林爽女士為人熱情爽快，急公好義。業餘熱心社團義工，先後任過藝妍會秘書、紐西蘭華文作家協會公關、副會長、會長及大洋洲華文作家協會副會長、紐西蘭華人婦女會（藝妍會）代會長等；在任期間對會務的拓展及舉辦活動不遺餘力，深獲會員及文友好評。

1997年中，她曾協助奧克蘭華人獅子會推廣「發展多元文化觀獎勵計劃」到奧市各中小學去。1998年初，出版了《紐西蘭的原住民——毛利族神話、傳統及歷史》一書，該書由世界華文作家出版社出

版。目前這部有關毛利文化的中文專著已被國家圖書館、國會圖書館收藏作為歷史文物；同時奧克蘭市政圖書館屬下各級圖書館，全國大、中、小學也均定購，藏存校內圖書館以供借閱。1999年出版的《紐西蘭的活潑教育》也肯定是受華人家長所歡迎的參考書。

　　林爽還是本地中文報刊的專欄作者，也經常為海外華文刊物撰稿。同時也曾是AM-990 BBC中文電台「爽談親子情」節目主持人。

　　她認為海外華人應團結合作，互相幫助，並對新鄉應具歸屬感。

林爽獲奧克蘭市長Christine Fletcher頒獎後與先生及兩名兒子合照

目次

新版感言／林爽　003

序言／關鍵的中學教育／張雲騰　007

代序／雙帽人與獨木橋／林爽　009

僅以本書獻給所有關心教育的人士──特別是紐西蘭的華人家長／林爽　013

紐西蘭第二屆專業華人成就獎　林爽獲一等獎／黃戊昆　015

紐西蘭的幼兒教育　022

Chapter 1　愉快的學前教育（5歲以前）

一、幼兒園裡好輕鬆　045

（一）小朋友在幼稚園學到些什麼？　045

（二）小朋友在學習閱讀前要先懂得什麼？　046

（三）小朋友在幼稚園內如何學習數學　046

二、遊戲學習在家中　048

（一）心情愉快同進膳　048

（二）選擇玩具花心思　050

（三）戶外遊戲活動多　051

（四）歡天喜地同遊戲　053

（五）開卷有益看圖書　055

（六）閱讀書寫獲益多　056

（七）陶冶性情聽音樂　058

（八）剪貼拼砌樂無窮　060

（九）粉團黏土真好玩　061

（十）玩水遊戲樂趣多　063

（十一）沙土泥濘感覺妙　064

（十二）多出外遊增見聞　065

（十三）自然科學多探討　067

（十四）繪畫圖畫增創意　069

（十五）多動腦筋砌積木　070

（十六）角色扮演添樂趣　072

（十七）數學概念從小學　073

（十八）和平遊戲好處多　075

Chapter 2　活潑的小學教育（Year 1~8）

一、入學前的準備　086

（一）如何為子女選擇學校　086

（二）為子女報名入學　088

二、一般小學的情況　092

（一）學生方面　092

（二）師長方面　118

三、家長如何協助學校　125

（一）家長助手　125

（二）家長教師協會（P.T.A）成員　127

（三）校董會（B.O.T.）成員　130

四、家長如何在家協助子女　132

（一）家課問題　132

（二）家課意義與份量　134

（三）家長如何協助子女完成家課　137

（四）親子協讀　139

（五）培養子女成為雙語人　142

（六）培養子女成為雙語人的方法　144

五、紐西蘭學制概況　147

（一）課程制度架構　155

（二）語文科教法　161

（三）數學科的教法　167

（四）淺談紐西蘭教育史　169

（五）紐西蘭華文教育發展史　174

Chapter 3　關鍵的中學教育（Year 9~13）

一、紐西蘭中學教育概況　178

（一）從報紙專訪張老師，看紐西蘭的教育　178

（二）就讀公立或私立中學？男校、女校或混合校？　186

（三）中學五年，飛揚的青春，生命中的轉捩點　190

（四）UMAT，紐西蘭和澳洲醫學院共同的入學標準
　　　考試　194

二、NCEA課程與學制（Year11~13）　199

（一）國家教育成績證書（NCEA），紐西蘭獨創的教育
　　　品牌　199

（二）NCEA的學歷地位、特色、架構、選課、跳級
　　　處置　203

（三）NCEA成績解讀、GSM評分規則、Level通過
　　　門檻　207

（四）NCEA的升大學門檻（University Entrance）　211

（五）挑戰「NZQA獎學金考試」，成功不是夢！　214

三、CIE劍橋課程與學制（Year 11~13）　219

（一）紐西蘭的「中學劍橋課程」：IGCSE & A-Level　219

（二）CIE劍橋課程之「靈活選課」及「大學專業匹配」　223

（三）IGCSE、AS、A-Level成績之解讀　227

（四）CIE劍橋課程之UCAS Tariff Points、升大學門檻　231

（五）Cambridge Pre-U，大學預科課程的明日之星　234

四、IB課程與學制（Year 12~13）　239

（一）IB課程，以全方位的「國際化素質教育」為宗旨　239

（二）IB文憑課程，前沿的課程設置、嚴謹的評量體系　242

（三）IBDP課程，進一步的認知、就讀前的心理準備　246

五、幸福的紐西蘭孩子　250

紐西蘭的活潑教育，孩子的人生有無限的可能　250

鳴謝　254

紐西蘭的幼兒教育

　　紐西蘭是一個教育機會均等的國家，因此國民識字率高達百分之九十九。教育制度方面，分小學六年、初中兩年、高中五年、大學及技術學院。兒童由五歲至十五歲期間（小一到中五）均須接受義務教育。而一半以上的中五學生仍會繼續升讀中六及中七，甚至大學或一般技術學院。

　　學前教育方面，政府雖不強制規定家長得送子女接受學齡前教育，但因兒童為國家未來主人翁，因此學前教育服務甚受重視。政府耗費不少資金在各區中心設立免費幼稚園及遊戲中心。對於師資培訓亦十分嚴格，每名幼師均需考取紐西蘭教育學院的學前教育文憑（EARLY-CHILDHOOD-EDUCATION-DIPLOMA），受訓三年期間經過七次實習教學，成績及格後方能成為合格教師。同樣，對於私人開設之托兒中心，亦規定每個中心最少有一名曾受專業訓練的導師負責管理。

　　紐西蘭的學前服務大致可分八類：

1.幼稚園（KINDERGARTEN）

　　全國約有五、六百所免費幼稚園（園址及園內設施均由政府津貼支付），分上、下午兩班制，上午班只收四至五歲小童，每週一至五

上午八時四十五分到十一時四十五分開放；下午班則收三歲半以上小童，每逢周一、二及五下午十二時四十五分到三時十五分開放。每間幼稚園通常有兩至三名師範畢業教師負責照顧三十至四十名小童。如有特殊兒童則另由特殊教育組派出教師加以照顧。通常一名教師只負責照顧一至兩名特殊兒童，比率十分合理。

家長則有義務輪流到幼稚園協助教師清潔地方及負責準備早、午茶點等工作。同時亦有協助園方籌款的義務，園方會提供「捐款袋」讓家長隨意捐奉，但絕不硬性強制捐款。兒童每週需帶二至三個水果以供茶點之用。

2.遊戲中心（PLAY-CENTRE）

約有六百個遊戲中心分設於各社區中心。主要為出生到五歲兒童提供富教育意義遊戲及活動。參加的兒童每次必須由家長陪同出席，而各中心開放時間及活動內容則全由家長委員會決定，委員會負責購置中心各設施用品，部分費用則由遊戲中心協會（N.Z. PLAY-CENTRE-FEDERATION）支付。換言之，遊戲中心是由一班熱心教育下一代的家長所經營。因此他們都必須接受由遊戲中心協會舉辦的短期訓練班，才能成為正式委員。遊戲中心可說是親子同學習，同遊戲的最佳樂園，參加費用每年不過數十元。

3.遊戲小組（PLAY-GROUP）

目的大致與遊戲中心相同，不同的是遊戲小組多設於各免費幼稚園內，參加的兒童大都已向該幼稚園報了名。（通常兒童滿兩周歲，

家長便可替其報名輪候入讀附近幼稚園）。家長在每週一次開放時間內帶同子女先到幼稚園參加遊戲，以熟習環境及學習與其他小朋友相處之道。家長每次只須付少數捐款，便可與子女享用幼稚園內各種富有教育意義的玩具及設施，但事後應負責清理工作。

4.托兒中心（CHILD-CARE-CENTRE）

通常由社區中心或私人開設，目的為方便在職家長托顧由初生至五歲小童，開放時間由周一至五每天早上七時半至下午五時半，褓姆與小童的比率是一對四；而且政府規定每中心最少要有一名曾受專業訓練的負責人監管。此等中心因政府只津貼小部分，因此家長必須繳費。每中心收費不等，費用包括兒童早、午茶點及午餐。每天除有各種學習活動及遊戲外，並規定有午睡休息時間。家長須自備兒童用的毛氈及床單，每週取回自行清洗。

5.家庭式日托兒所（FAMILY-DAY-CARE）

目的為五歲以下小童提供家庭式教育及專人照顧，每周收費由一百廿五至一百四十五元不等。同時為配合家長需求，亦接受小學低年級學生於上學前及放學後的托管，以解決在職家長在上班後及下班前無法照顧子女的困難，收費不等，分每天或每周計算。

6.毛利語幼兒園（KOHANGAREO）

自1981年起，政府為尊重毛利族文化，規定在毛利人聚落的地區開設毛利語幼兒園，以迎合一般毛利族人要求。並以毛利語為主，灌

輸兒童一些毛利人生活習慣及唱遊活動，使兒童能雙語發展，褓姆多為毛利族較年長的女性擔任，家長必須繳付費用。

7.太平洋島語語言組（PACIFIC-ISLAND-LANGUAGE-GROUP）

目的與毛利語幼兒園大致相同，主要為太平洋島民（如東加、紐埃、西薩摩及庫克等）兒童而設。並以各島語為主，灌輸兒童一般生活習俗及有特色的遊戲活動，多設於各社區中心或教堂內，並由家長各自照顧自己子女，此等家長也須接受短期訓練。

8.其他民族語言遊戲小組（OTHER-ETHNIC-LANGUAGE-PLAY-GROUP）

近三十年來由於外國移民不斷增加，紐西蘭政府的學前教育發展組（EARLY-CHILDHOOD-DEVELOPMENT-UNIT）為迎合新移民子女需求，也撥款資助熱心幼兒教育的家長在各區設立不同語言的遊戲小組。據統計，全國已超過十五種不同語言的遊戲小組，包括華語、粵語、印度語、日語、土耳其語、法語、德語、菲律賓語、希臘語、阿拉伯語、波蘭語等。這些遊戲小組均設於各社區中心，由家長自行設計遊戲活動並義務擔任導師，授以兒童母語及英語；以訓練他們成為雙語人。

家有幼兒的家長，若對上述任何一類學前服務有興趣的話，只要到就近居住的社區中心查詢或上網，便可得到滿意答覆。

Chapter 1
愉快的學前教育
（5歲以前）

捏造麵粉團
Play dough

美勞創作
Junk play and collage

積木與拼圖
Blocks and puzzles

繪畫圖畫
Painting and drawing

閱讀角
Reading corner

科學角
Science corner

家庭角
Family corner

音樂角
Music corner

木工
Carpentry

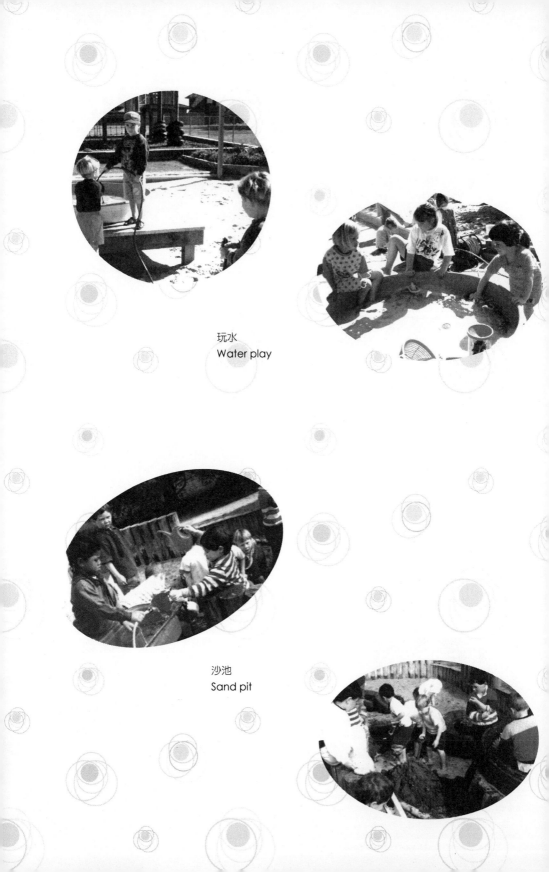

玩水
Water play

沙池
Sand pit

遊樂場
Play ground

大組活動
Mat time-a big group activity

紐西蘭的學前教育，主要著重兒童從遊戲中學習，因此兒童在毫無壓力下，自由自在選擇自己喜愛的活動及遊戲，從而使身心得到充份發展。以幼稚園為例，教師全用活動教學法，每天均作有計劃的課程安排，為兒童預先設計各種有意義的遊戲與活動。兒童每天到達幼稚園後，便可選擇自己喜愛的活動進行學習，絕無功課壓力。以下是一般幼稚園常見的活動。

室內活動

1.捏造麵粉團（Play Dough）

教師每天預先用麵粉加水及顏料，搓成美麗悅目麵粉團。並備有各種動物印模以供兒童自行捏造或印製「糕餅」，從而促進兒童手腕與手指間小肌肉發育，同時通過他們自己捏造創作，從中認識到份量、形狀、重量與大小等數學概念；也增加他們的愉快及滿足感。

2.美勞創作（Junk Play & Collage）

兒童利用大量「廢物」如空紙盒、牛油罐、牛奶瓶蓋、卡通紙板、碎布片、毛線等等「廢物」，自由創作他們喜愛的造型。而這些廢物全由家長提供，園方只供應膠水、膠紙卷、釘書機及打孔機等。兒童通過這些自我創作不但發揮美勞設計的潛能，也養成「廢物利用」的節儉美德。

3.積木與拼圖（Blocks & Puzzles）

園方購備大量塑料或木質積木，讓兒童堆砌。通過堆疊積木及打散造型，兒童可學習到大小、形狀、數目、平衡、高低等等數學概念，並懂得利用空間的技巧。至於拼圖也是訓練他們多動腦筋及運用手部小肌肉的好機會。

4.繪畫圖畫（Painting & Drawing）

園方設有小型繪畫架多個、大小不一的毛刷畫筆及水彩顏料，供兒童自由塗畫於畫紙上。也有各色蠟筆、絨咀筆等供兒童自由選用，完成的作品可供園方佈置壁佈板之用。

5.閱讀角（Reading Corner）

設有小型圖書架，放置各類合適兒童年齡及富教育意義的彩色圖書。兒童可自行取閱或要求教師閱讀、解釋，從而增進對書本的興趣及閱讀、聆聽等能力。

6.家庭角（Family Corner）

在園內一角放置小型傢俱，如睡床、衣櫃、餐桌、椅子及各式廚房玩具、洋娃娃、嬰兒小推車，佈置成一個家庭模式；並有成人、小童舊衣物、帽子、手袋、皮鞋等（多由家長捐贈），讓兒童自行穿戴，裝扮家庭各成員進行角色扮演遊戲，以增加兒童的社會經驗及角色轉變（如男扮女或女扮男）。

7.科學角（Science Corner）

　　通常於園內一角放置魚缸、鳥籠、白老鼠籠或於室外闢一種植花卉的角落，讓兒童每天觀察各種植物的生長過程，輪流負責澆水與供給小動物飼料。也備有放大鏡、磁石等，供兒童仔細觀察用；並透過教師實驗示範而增加對科學的認識及興趣。

8.音樂角（Music Corner）

　　放置各類小型樂器以供兒童練習，或在教師指導下進行小組合作「演奏」；並有兒歌錄音帶等，兒童可邊聽、邊跳，從而學到節奏韻律及培養欣賞音樂的興趣。

室外活動

1.木工檯（Carpentry）

　　有小型鎚子、木鋸、大小鐵釘供兒童自由運用，以幫助他們手部小肌肉發育。教師會指導兒童持鎚子、木鋸及釘子等正確姿勢，然後由兒童自行實習，並提醒兒童必須注意安全，以免傷己傷人（這與中國人不讓兒童接觸利器、用鎚用釘的保守思想截然不同）。

2.玩水（Water Play）

　　每所幼稚園都備有大圓水缽一個，以迎合大多數兒童愛玩水特

性。教師每天會在水中加入不同顏料，或放入少量清潔劑，讓兒童用吸管吹出泡泡，並預先提醒兒童不可吸入。兒童可用小水桶或空瓶子玩裝水、倒水遊戲，或放小船及玩具動物。同時備有膠製小圍裙供兒童穿用，以免弄濕衣物。但萬一弄濕，教師也會替其更換；故家長必備一兩套兒童日常便服，以作不時之需。

3.沙池（Sand Pit）

與水缽同樣重要，是幼稚園必備設施。沙池內放置各種容器及玩具如小膠鏟、耙子、小型挖土車等供兒童玩耍。他們也可玩築堤壩、掘隧道、建堡壘等遊戲。通常教師會把水缽放近沙地，以便兒童將水引入沙池，從中觀察沙與水混合後變化；同時通過玩沙玩水、兒童會學到乾、濕、空、滿、輕、重等數學概念。

4.遊樂場（Play Ground）

設有鞦韆、滑梯、立體方格木架、翹翹板等兒童喜愛的遊樂設備，也有三輪車、小型推拉車讓兒童在無拘無束環境下鍛鍊體能；全身得以均勻發展。總言之，兒童一到幼稚園便可從遊戲中輕輕鬆鬆學習，而且大部份是小組或個人活動。只有在茶點時間前（上午十時、下午二時）或放學前十分鐘為大組集合時間，稱為Mat-Time。全體兒童集中圍坐園內一角地氈上，靜聽教師閱讀故事書及教唱遊；同時也會讓兒童將自己有趣經驗，新養小動物、新買玩具與其他小朋友分享的時間。茶點前，教師會叫小朋友先洗手以養成清潔好習慣。放學前的Mat-Time 長約十五分鐘，教師除了閱讀故事書、教唱遊外，也教

「手指謠」或請兒童角色扮演，直至家長到達幼稚園後；兒童才可隨家長回家。若有家長偶而因工作關係不能準時接回子女，教師便會個別照顧兒童，直至家長到達為止；而幼稚園有趣的半天也告一段落。

Early Childhood Education is FUN!!

· Introduction to Early Childhood Education in New Zealand

The Early Childhood Education Curriculum of New Zealand is mainly focused on 「Learning Through Play」. Young children can choose what activity they take part in or do while they are at a pre-school center. They happily enjoy free play and free choice.

There is generally no learning pressure nor formal teaching. The children's learning is a result of their own discoveries within what they do, guided by teachers.

Compare this to Early Childhood Education in many countries is Asia. The children are expected to learn some basic academic skills while they are at pre-school-reading, writing, reciting. They do this rather than just free play. Many parents from Asia consider "playing" to be meaningless and a waste of time during their time in formal education.

Western psychologists and educators, on the other hand, stress that playing is vital to the development of young children's emotion, intellect, physical strength and social skills. Through play, as young children explore, discover, think, experiment, talk, they are learning how things work, how to solve problems, make decisions, make choices and carry the consequences. They are also developing their imagination and creativity, acting out situations that are meaningful to them.

"The mind is not a vessel to be filled as much as it is a fire to be ignited."

This section is an introduction to parents coming from countries in Asia to what New Zealand pre-school education is about. For many of them, our system and methods at pre-school are very strange. It is hoped this section will help them understand better.

This English version is for your information as Early Childhood Educators so you have a clear idea of what has been written in Chinese in this section for parents.

· This English version

In New Zealand pre-school centres there are two major areas of activities:

- Indoor play
- Outdoor play

Indoor play includes the following activities:

1.play dough and clay work

2.junk play and collage

3.blocks and puzzles

4.painting and drawing

5.reading books

6.family corner

7.nature and science

8.music and movement

1.Play dough and clay work

Play dough is soft and smooth to work with, is pleasant to feel and fun to touch, squash, pinch, roll, prod and squeeze. Playing with dough and clay creates a situation for relaxation, chattering, talking for young children. It also helps them develop muscles in their hands and fingers.

Children learn about Maths concepts such as size, shapes, weight and measuring through playing with dough and clay.

2.Junk play and collage

Young children enjoy playing with junk such as cardboard boxes, cartons, containers, pots, drinking straws, lolly papers, string, wood, etc, etc. Children get a lot of satisfaction from using junk materials and creating collage pieces of work. They also learn how to use scissors, sticky tape, a stapler, how to paste and glue.

Most importantly, their sense of creation and conservation is developed.

3.Blocks and puzzles

Young children enjoy playing with blocks and puzzles as they can get instant success. They like to destroy their buildings and rebuild them again and again.

While they play and build children learn about Maths concepts such as number, shape, size, balance, use of space and dimension. Hand coordination develops, as does their memory and their concentration.

4.Painting and drawing

All young children enjoy painting and drawing. They paint and draw what they are feeling and know, rather than what they see. By doing this, young children can express themselves creatively in their own way.

They get pleasure from simply using colour. Their hand-eye coordination develops by using paint brushes, paint pots and putting paint or crayon on paper.

5.Reading books

All children enjoy listening to and reading story books. They like to choose their own book. From books young children can find out all sorts of new ideas and understand new experiences through reading and listening.

Their language and listening skills grow with a variety of reading-stories, poems, rhymes, songs, etc.

They also learn how to love and care for books, that books are enjoyable and to be valued.

Although young children may not learn all the pre-reading skills before five years, providing them with a comprehensive and enjoyable reading programme is important at this young age.

6.Family corner

Dressing up and pretend-play happens in the family corner. Young children love to dress up and act out what is happening in their daily lives. They can act out things from real life, such as feelings, fears, anxieties—this helps them to accept realities.

Different experiences, using their own imagination, are possible through pretend-play. It is an important way of learning.

7.Nature and Science

All young children have curiosity. It is necessary for them to explore different and interesting objects and activities. Young children learn all about the world around them by touching, watching, smelling, listening, comparing, doing, sharing, testing and trialling.

Through indoor and outdoor science corners and activities they can learn different skills of questioning, answering, how to care for plants and animals and hot things work.

8.Music and movement

Music and movement are fun for all young children. Most children like to make up their own chants and create their own actions when they are singing and dancing. They feel happy.

As young children learn different songs and music games and how to play with different musical instruments, they also learn to cooperate and join in with others. At the same time they develop a sense of rhythm and learn to memorise.

Outdoor play includes the following activities:

1.Carpentry

Young children enjoy playing with real tools such as a hammer, vice, saw, etc. Many pre-school centres provide a carpentry table and different child-sized tools for young children to use.

By using tools they learn hand-eye coordination, skills in problem—solving and they develop their muscles. They also learn about play safely.

2.Water play

All children enjoy playing with water, if they are encouraged.

Water play is relaxing, soothing and fun. They learn new concepts and words while playing with water—wet and dry, sinking and floating, empty and full, warm and cold, etc.

Water play can be blowing bubbles, bathing dolls, washing dolls clothes or other things, splashing, etc. They also learn science and Maths concepts and skills of problem-solving and measuring.

Young children need adult supervision during water play. This is particularly important for safety reasons.

3.Sand and mud

Often children of any age enjoy messy play such as playing with sand and mud. It is fun for them to build sand castles and make mud pies. They have various experiences, real and imaginary, while playing with dry sand or wet mud.

As they play they learn new words and concepts-bigger and smaller, squashy and squelchy, etc.

Teachers keep an eye on young children when they are playing with sand and mud. Close supervision is needed.

4.Adventure Play

Young children need space and freedom to use their whole bodies. They need to be active to grow strong and healthy. Pushing and pulling, jumping and skipping, running and chasing, rolling, crawling and swinging, etc.

Adventure play helps children gain awareness and control of their own bodies. Their big muscles develop and so do their motor skills.

5.Mat time—A big group activity

Finally, there is mat time…… it is a unique period for all children to gather together. They learn finger-plays and singing games, hear stories told and read, share their own experiences, etc.

The children learn to be good, have manners, sit quietly for a time and show respect towards teachers and other children.

Many centres have up to fifteen minutes mat-time before morning or afternoon tea break. Some might have a final mat-time before the children go home.

一、幼兒園裡好輕鬆

（一）小朋友在幼稚園學到些什麼？

  ·首先他學到的是：

——暫時與父母分開數小時。

——和老師及其他成人相處及遊戲。

——和其他小朋友相處及遊戲。

——自己單獨處理事情。

——與別人合作與分享。

——幼稚園內的規則與秩序。

——依時完成作業及活動。

——懂得發問及回答問題的技巧。

——獨立但有時也需要別人幫忙。

——懂得抉擇及自作決定。

——與家人及別人分享自己的經驗。

——通過學習以上技巧，小朋友才能快樂、健康地成長。

（二）小朋友在學習閱讀前要先懂得什麼？

· 最重要的是要懂得：

——書的結構：有封面及封底、開頭與結尾，包括有文字及插圖。

——字的讀法：是從左到右，及從上到下排列的。

——每個字都是我手寫我口。

——要愛護書本，不隨意撕毀破壞。

——在小朋友五歲前，不可能馬上學會閱讀所有的字，但會逐漸吸收、學習。

——閱讀是一種樂趣，而且能教小朋友認識很多知識。

——透過閱讀故事、詩歌唱遊及音樂等會增進小朋友說話及聆聽能力。

（三）小朋友在幼稚園內如何學習數學

· 通過玩沙、玩水及砌積木，小朋友會學到很多數學概念，例如：

——認識數量。

——學習數數，並能順序數出數目字。

——把東西配合數目。

——認識圖形、形狀、顏色。

——能把同類東西歸類。

——學到大小、多少概念。

——學到重量。

——學到空間位置，如上下、前後及左右等。

——知道東西有不變的恆久性，例如同份量的水，放在高杯子或淺碟子內，都是不變的。

二、遊戲學習在家中

　　教導孩子實在是一門高深學問，家有幼兒的家長自然了解箇中苦樂。由於兒童精力充沛，活動力強，好發問，好新奇，往往令家長傷透腦筋，因此很多為人父母者視孩子的活潑好動為「頑皮」，愛發問為「多咀」，這確實是低估了小孩子，也冤枉了他們。

　　其實只要家長稍有耐性，肯花點時間設計一些簡單有趣活動，與孩子同遊戲、同學習，便會減少孩子「頑皮」機會，也增加了他們的普通常識，同時更可促進親子之間感情。

　　在「遊戲學習在家中」一章中，會提供一些簡單有趣活動，讓家長與孩子一起從遊戲中學習，尤其對學齡前幼兒，家長更應負起「兒童的第一教師」的責任。在家中好好教育孩子，為他正式入學前作好準備。

（一）心情愉快同進膳

　　進食是一種享受，尤其是一家人在融洽氣氛下一同用膳，更是愉快。但往往由於孩子不專心進食、浪費食物，甚至拒絕進食而破壞了氣氛，令家長十分煩惱。這皆因兒童不知稼穡艱難，也未受過饑荒痛苦所致，家長們不妨試用下列方法，讓孩子參與預備一頓飯的工作，

以增加他們對食物的認識。步驟如下：

——當你出外購物時，不妨帶同孩子前往，先徵求他們喜愛那種食物，然後由他們協助挑選。

——回家後請孩子協助把食物放進食物櫃或冰箱內。

——讓孩子幫忙清洗菜蔬或削瓜果外皮，藉此機會向孩子講解熱水喉的危險，及使用菜刀或削皮刀的正確方法及手勢，以減少意外發生。

——當你烹調食物時，可向孩子談及火的用處及災害、煮食爐及廚具不可亂碰，避免灼傷等常識。有必要時可故意拉他們的小手觸碰熱辣的廚具，使他們感到痛楚而杜絕以後玩火的機會。（此謂苦肉計，但收效甚大。）

——進食前，先讓孩子協助佈置餐桌，如放置餐墊，依照家庭成員數目分派筷子、刀叉或湯匙、碗碟等，藉以培養數學概念。

——用餐時，可與孩子談及食物來源：菜是農夫伯伯辛苦種植的，肉是農婦嬸嬸餵養的家禽或家畜得來的……同時可留意報章上或電視上報導有關饑荒國家的報導，藉此與孩子談及缺乏食物與挨飢受餓的痛苦，以加深孩子印象。

——用餐後，可讓孩子協助清理餐桌，年紀較大的孩子可幫助抹乾餐具，較小的則可收拾餐墊或移動椅子以恢復整齊原貌。

此外，若時間許可，也可教導孩子自己調製軟飲，或把牛油塗在麵包上的技巧。做糕餅時，也可請孩子協助量分量。但請記著，要有容許孩子造成紊亂的耐性。

孩子容易虛耗體力，因此必要時，給他一個冰淇淋、一個蘋果或

一根小紅蘿蔔，這些都是有益零食。記住清水或開稀的果汁比汽水更有益。也請千萬別給幼童餵食花生或果仁，以免阻塞氣管而造成窒息的危險。

用膳時間也是孩子學習風俗習慣的好機會。中外節日都會吃特別食品，如月餅、粽子、火雞等。家長也可向孩子簡單講述節日來源，以增加用膳樂趣。

（二）選擇玩具花心思

玩具是孩子的消遣工具，也是他們生活的必需品。但是價錢昂貴的玩具並不一定就是最好玩具，因此家長在替子女選購玩具時便得花心思、動腦筋了。

下面是一些好玩具的條件：

——設計優良，有吸引力及多種玩法。

——能鼓勵兒童說話能力及富想像力。

——能幫助兒童自我表達感覺。

——能幫助兒童發展體能技巧。

——能使兒童多了解周圍環境。

——鼓勵兒童自我創作及思考。

——持久耐用。

家長購買玩具時請先考慮下面各點：

——會給孩子帶來樂趣嗎？

——價錢合理嗎？

——適合孩子年齡玩嗎？

——符合安全標準嗎？（無毒的顏料、無尖銳的邊或角）。

——容易折斷而成危險碎片或是否用易燃材料製成？

——自己可以製造嗎？

家長購買玩具的參考：

——六個月以下幼兒：上鍊的玩具、嘎嘎發響的玩具、易於擁抱的布質玩具、小動物形狀、嬰兒車前的串珠及有動感的掛飾。

——六至十二個月兒童：除上述各種玩具外，再加些色彩繽紛的硬卡圖書。軟性球體、泡泡浴玩具、可推拉的玩具。

——兩歲前兒童：大塊積木、可洗滌的洋娃娃、小型嬰兒車、木製手推車、有輪的玩具、木製小槌子及釘板；大臘筆、圖畫紙、簡單木質拼圖、帆布鞦韆、搖木馬、球類、玩具電話、小膠桶及膠鏟子，以及更多圖書。

——兩至三歲兒童：粉筆、大毛刷畫筆、畫板、茶具、小型手推車、沙池玩具、兒歌及故事錄音磁帶；豆袋、麵粉團、黏土等可自製或在自家花園挖掘，以及較多圖書。

——三至五歲兒童：除上述各種外，加些較小塊積木、較複雜拼圖、木匠工具如小型鋸、釘等，玩具廚具及醫生用品、傀儡、吹泡泡、汽球、磁石、放大鏡、絨咀顏色筆、及大本圖書等。

（三）戶外遊戲活動多

小孩子精力充沛，活潑好動，需要大量空間進行各種各樣體能活

動，如奔跑、跳躍、翻滾及大夥兒集體遊戲。通過這些活動，孩子會學到自我控制能力。也從而認識到自己身體與空間的距離。

居住在紐西蘭，幾乎每家都有寬闊花園草地。那就是孩子最方便又安全的遊樂場。以下提供簡單而經濟的設備，可讓孩子在自家庭院玩個痛快：

1. 將一塊磨得平滑的厚木板置於兩塊磚頭上，便可造成「平衡木」供孩子沿著走。如拿掉一塊磚頭，則成翹翹板，孩子可與成人或其他兒童玩。

2. 用舊車胎不要拋棄，洗淨後可留給孩子推滾、追逐，也可平放草地上讓孩子跳躍玩，多個疊在一起讓孩子攀爬，吊掛在大樹上還是最舒適的鞦韆。

假如家中沒有安全空地供孩子活動，也可到附近公園、遊樂場或沙灘去。讓孩子在草地上或沙地上拋球、追球、滾球、踢球等，都是很好的運動。外出散步途經公園時，不妨停下，給孩子一個短暫的活動機會。讓他們開懷大笑，高聲大叫；在草地上奔跑，抒發他們過剩精力。家長自己也可趁機休息一會。

紐西蘭生活悠閒，朋友間常會互相探訪，大人們有聊不完的天，小孩子可沒耐性坐著聽，那麼下面提供的集體遊戲便可大派用場：

——捉迷藏：人數不限

——團團轉、玫瑰園：即團團轉、菊花園，最少五人

——跳大繩：兩名孩子各持長繩兩端，其他可在中間跳，誰給繩絆倒，便需持繩給別人跳，最少三人）

——操兵舞，效法士兵操練步法，揮動雙臂向前操，可指揮孩子

向左、右操。人數不限

　　——學領袖：讓孩子圍成圓圈，先選一人做領袖，自行設計一種動作如拍手掌或單腳跳任其喜歡，讓其他孩子照著做；重覆做動作五次後，即依次輪到下一位做領袖，但不能重複前次所做動作；人數越多越好玩。

　　——聽命令：由一位年紀較大孩子發號司令，如命令其他孩子單腳跳、雙腳跳、向前跳、向後跳等動作。每次「聽命令」中全做得對的可輪著發命令給其他人照做；人數不限

　　當然，家長必須經常留意孩子們的戶外活動進展情形，以保安全。

（四）歡天喜地同遊戲

　　遊戲是兒童生命中最有意義的「工作」，無論對於他們的體能、智力及情緒等各方面發展，都十分重要。正如食物與睡眠一樣，遊戲是兒童生長過程中必需條件之一。

　　很多華人視兒童做遊戲為無意義行為。但西方心理學家則認為兒童做遊戲不但有意義，而且是他們學習的主要途徑。孩童通過遊戲，從而學到探討環境、鍛鍊身體、運用技巧、解決問題、豐富想像力及與人相處之道。

　　心理學家認為幾乎所有兒童都得經過下列五個階段：1.獨自遊戲期（SOLITARY-PLAY）、2.旁觀遊戲期（SPECTATOR-PLAY）、3.對應遊戲期（PARALLEL-PLAY）、4.共同遊戲期（ASSOCIATIVE-PLAY）及5.合作遊戲期（COOPERATIVE-PLAY），方能完成發展過程。

家長不妨多觀察自家子女，通常一歲前的嬰兒都屬於獨自遊戲期，只要有適合他們的玩具，便會獨自玩個痛快。一至兩歲幼兒則屬於旁觀遊戲期，他愛靜靜從旁觀看別人遊戲玩耍，然後自己也照著玩。兩至三歲幼童則屬於對應遊戲期，他們喜歡和其他小朋友一起玩，但卻各有各的玩法，很少互相干涉。因為他們尚未懂得「分享」的意義。三至四歲兒童屬於共同遊戲期。他們開始喜歡與其他小朋友同玩一種玩具或遊戲，但因「自我中心」作祟，常把玩具據為己有，甚至會因爭奪玩具而互相堅持不下，此階段，家長便應多加教導「輪流」玩的意義。四歲以後的兒童都屬於合作遊戲期，他們學會了合作的好處，一起遊戲時懂得互助。也學會尊重別人，為別人設想等價值觀。

　　四、五歲的兒童最喜歡與年紀相若的小朋友共同遊戲。假若他們未入學而沒有玩伴，那麼家長便應為他們製造機會；開始他們社交第一步。首先是多讓孩子與親戚中年紀相若的表兄弟姐妹、堂兄弟姐妹交往，以增進感情。其次是多介紹朋友的子女與他認識，起初一兩次可能因陌生關係而不大願一起玩，但多見幾次面，情形就會改善。同時記住，學習與人「分享」是需要時間的，家長請忍耐，好讓孩子學習與人相處之道。他們會從經驗教訓中明白到只有互相忍讓，與人設想才會受別人歡迎，集體遊戲才會歡天喜地，盡情享受個中樂趣。

　　此外，家長得告訴孩子，大夥兒玩時並不一定需要玩具。例如玩集體遊戲、猜謎語、玩唱遊等都是很有趣的活動。

（五）開卷有益看圖書

大多孩子都喜歡聽故事及看圖書，尤其是當他們做完戶外遊戲，感到乏力時。一個動聽故事或幾本有趣圖書，就是他們舒緩情緒的良伴。

事實上，任何時間都可講故事。例如飯後，睡前或乘坐交通工具時，都是與孩子分享故事或看圖書良機。故事不一定從書籍中得來，孩子更喜歡聽由父母自己創作的故事。有時候，他們也希望與父母分享他們自己幻想出來的故事。幾乎所有孩子都會喜歡聽自己童年的趣事，甚至家人或家庭裡發生的事。此外，孩子自己幼年時的照片也是很好的故事題材。

當孩子與家長一同分享圖書或聽故事時，就是親子間最融洽而親密的時刻。孩子們聽故事時會學到新詞彙及如何運用生字的技巧，通過聆聽故事，孩子也會把自己融入故事中去，有的還懂得在適當時發問或與成人交換意見，使他們變得更成熟、更聰明。例如「到醫院去……」或「添了小弟妹……」等的生活故事，都能幫孩子增長日常經驗及豐富想像力。

家長也可利用空閒時間帶同孩子參觀住家附近的圖書館，讓孩子選擇自己喜愛的圖書，使他學習到從眾多圖書中挑選出適合自己程度的書本。如有必要，也可請圖書館員協助及介紹適合孩子閱讀的書籍。

同時家長也可乘機向孩子解釋圖書館規則：如不得在館內喧嘩或奔走，以免妨礙公眾安寧。不准在館內飲食，以保持環境清潔。不可

隨意塗劃或撕毀書籍，以養成愛護公物的習慣。

必要時，也可替孩子申請借書證，讓他們把自己喜愛的圖書借回家。並告訴孩子須依期歸還借書，以養成負責及守時的習慣。

居住在紐西蘭，每天都可從信箱內獲得若干印刷精美的宣傳廣告單張，家長也可教孩子閱讀廣告；同時更可指導他們利用單張做成一本美麗圖書。先把過期的月曆或日曆紙釘成一本後，由家長在每頁定出一個專題，如：「冬天衣物」、「我最愛吃的食物」、「我最喜愛的玩具」等等。再由孩子從廣告上剪出適合專題的圖片貼上，便成一本美麗圖書。孩子不但很有成就感，很有興趣去蒐集，又可培養他們將東西分類的能力，實在是既經濟又有趣的學習活動。尤其當家長沒空陪孩子玩的時候，「造書」就是最適合不過的活動。

（六）閱讀書寫獲益多

閱讀和書寫都是孩子學習的重要過程，尤其華人家長習慣了原居地的教育制度，往往要求年幼孩子朗讀英文字母、背誦中、英文兒歌、機械式抄寫成篇英文字母或數目字；無疑給孩子增加壓力，減少樂趣。紐西蘭學前教育重視從遊戲中學習，孩子無須考入學試便可讀小學，因此全無學習壓力。然而家長仍需訓練孩子的閱讀、聆聽及書寫能力，並透過生動有趣的日常生活方式引導孩子，從而達到目的。

1.訓練閱讀及聆聽方法

——多給孩子朗讀故事書、電視節目表（尤其兒童節目）、或玩

具說明書等。

　　——朗讀親友來信或賀卡內容。

　　——讀出廣告單張上的貨品名稱及價目。

　　——與孩子合寫購物清單，孩子講出需要購買的東西，家長書寫後朗讀給孩子聽。

　　——讓孩子看著家長寫信或開支票的過程。

　　——給孩子的房間及用品寫上標籤。如「美美的房間」、「東尼的書」或「菲立的書」等；並教孩子讀出。

2.訓練書寫方法

　　（1）教導孩子書寫他們自己的中、英文姓名。待熟習後，也可教寫其他家庭成員的名字。但請記住不要勉強他重複抄寫超過三次，因兒童集中力不超過十分鐘。中文字筆劃太多者則要依筆順把字簡化，以減難度。並請千萬別放棄教寫中文字，尤其移居西方國家的孩子更加應教。

　　（2）教孩子寫自己家的電話號碼、信箱號碼及私家車牌，因汽車在國外是每家每戶必需品。孩子學會了這些數目字，對他們非常重要，幫助很大。有時孩子會將數目字3、6、7、9或英文字母中若干相似的字形混淆或上下、左右顛倒寫，這皆因他的手眼未達協調所致。家長無須刻意苛責，以免造成孩子自卑心及抗拒感。

　　與孩子閱讀圖書時，必須先解釋一本書的結構等常識：由封面、內頁及封底組成；通常書名及作者姓名都寫在封面，而封底則是書的結尾。並說明中、英文書寫法的不同。如中文由上至下或右至左、

左至右均可，但英文卻一定由左至右等。此外，與孩子外出時，可教他們讀出別人汽車車牌或廣告上的電話號碼。到中式酒家吃飯時可教孩子讀出酒家招牌及其菜單價目表，也可預備紙、筆讓孩童照著抄寫，以打發等候食物的無聊時間，而且比任由他們四處走動安全得多，同時要記住，避免給他們玩手機或平板電腦。

（七）陶冶性情聽音樂

音樂能怡情養性是人所皆知的事實，近代科學研究更證明輕鬆優美的音樂對腹內胎兒大有陶冶作用，並認為如果父母親有音樂天份的話，很可能也會遺傳到下一代。因此當和孩子在家時，無論是剛出生的嬰兒或四五歲的幼童，都請盡量爭取與他們唱遊的好機會。既可增進親子關係，更可培養孩子的音樂細胞。

以下提供的方法，家長不妨試試：

——抱著嬰兒時，可一邊輕搖，一邊唱搖籃曲。

——餵嬰兒時可伴以輕音樂，以增進他食慾。

——隨著音樂節奏，輕拍嬰兒項背或按摸小手小腳，不但使嬰兒舒服，也促進血液循環，增加親子溫馨感。

——與年紀較大的孩子隨著音樂作韻律操，跳躍及步操，冬天更有暖身作用。

——讓孩子隨著音樂節奏快、慢揮動雙臂、踢躍雙腳也是一種快樂活動。

——不聽音樂，也可唱些簡單兒歌。孩子們喜歡重複自己熟悉

的兒歌，也喜歡自己創作歌謠。家長留心聆聽及積極參予，倍感樂趣無窮。

——利用膠瓶子放進白米、細沙或干豆，密封蓋頂後上下搖動會發出不同聲響。

——將橡膠圈套在抽屜把柄上，再用手輕彈便可發出聲響，並讓孩子知道不同距離的抽屜會發出不同聲音。

——敲打膠盆、鐵盆、木盆等會發出不同音響。可與孩子玩猜聲音遊戲，訓練他們聽覺及分辨聲音能力。

——拍手掌、踏腳板、輕拍膝頭，彈動舌頭及輕彈手指，會發出不同聲響；也可教孩子分辨。

——多帶孩子聆聽及觀看樂隊表演者，如街頭音樂家、樂隊巡遊家等運用樂器的技巧；紐西蘭每逢聖誕節前舉行的花車巡遊就是最佳機會。

——和孩子玩「音樂椅子」遊戲。

——選播節奏快慢、強弱樂曲，與孩子平躺於地氈上，閉眼靜聽音樂，再隨著音樂節奏舉起雙手或雙腳、轉身或打滾等，都是很有趣的音樂遊戲。

孩子需要休息時，最好選播些輕音樂，以平復他們情緒。總之，音樂會帶給孩子無法言喻的奇妙美感！當孩子發脾氣、鬧情緒時，給他播出平時最喜愛的兒歌或音樂，保證他會馬上安靜，怒氣全消。此外，將日常生活中孩子的歌聲錄下，給他製作「個人專輯」，不但留下美麗回憶，也是消除他發脾氣，鬧情緒的良方妙樂。

（八）剪貼拼砌樂無窮

從前在香港任教時，美勞課程中最受小學生歡迎的就是「剪貼畫」，因為他們可利用校方從勞作社訂購的各式彩紙剪剪貼貼，設計出自己喜愛的圖案。移居到紐西蘭後，發覺剪貼拼砌亦是幼稚園兒童最喜愛的一項活動。這裡叫 Junk Play。可見孩子都喜愛自我創作，而且無論用任何材料，都能創作出特別造型，從中獲得滿足感及成功感，因此紐西蘭兒童從小便養成利用剩餘物資的省儉美德，實在值得讚賞。

在我們周圍環境中，很多東西都適合孩子剪貼、拼砌。例如廣告單張、雜誌、硬卡紙、包裝花紙、糖果紙、雞蛋托卡紙、甚至樹葉、花瓣、乾花、種子、貝殼、尼龍繩、羊毛、布碎、牛奶瓶膠圈及蓋、吸管、酸奶酪空罐、牛油盒等等，都是美觀又實用的剩餘物資，根本就無須花錢購買。居住在紐西蘭，上述的材料可說是隨手可得，尤其是印刷精美的廣告單張，更是得來全不費工夫；每天打開門外信箱，便垂手可得；其他材料也多是常見的。家長可用硬卡紙箱貯放上述材料，加上個冰淇淋空盒子（最好是兩公升裝的方型膠盒），便可造成一個小工具盒，內放圓頭安全小剪刀、膠水、膠紙、釘書機及打孔機等，便可讓孩子隨時取用。

為避免造成地方零亂及易於清理起見，孩子開始剪貼時，家長可先預備舊報紙鋪蓋在桌子或地氈上，作為孩子「工作」範圍。再把貯放材料的紙箱及小工具盒置於旁邊，孩子便可開始自我創作。也可在

一旁放置小型垃圾桶盛載剪出碎片。這樣當孩子「工作」完畢後，只要把舊報紙一捲，連同碎屑殘片一并拋進垃圾箱，便完成清理工作，正是乾淨俐落。兒童如年紀較小，不懂清理者，家長可從旁協助。通常四歲以上的兒童都懂得應付這些簡易工作。

孩子要是首次嘗試剪貼拼砌，家長最好先示範使用剪刀、膠水及切斷膠紙的技巧，並盡量與孩子分享活動每一階段。此外，孩子完成作品後，家長不能只「應酬式」稱讚說：「真好看啊！」或「你真聰明啊！」而是請孩子對自己作品發表意見，並請留心聆聽。孩子的幻想力往往會從他們的作品中表現出來，家長欣賞及讚美會增加他們的自信及保持興趣。

總之，孩子們通過剪貼拼砌的自我創作中，除了能學習到形狀、顏色及自行設計的技巧，也能幫助他們手指及手腕各小肌肉的發育。

（九）粉團黏土真好玩

很多小朋友都喜歡顏色艷麗多彩的「泥膠」。質量好的泥膠柔軟而不黏手，且可多次反覆使用，故深受家長、孩子喜愛，但價錢卻絕不便宜；不符合經濟原則。移居紐西蘭後，在幼稚園看到兒童玩麵粉團及黏土，覺得效果與泥膠相同，但既方便也較符合經濟原則；尤其是黏土更是不費分文，只要在自家花園草地上便可挖掘得到。

玩泥膠、麵粉團或黏土除了可帶給孩子滿足感和樂趣外，更可任由他們搓、戳、扭、拉、滾動及加壓。不但可紓發孩子過份精力，也可促進他們手腕與手指間小肌肉發育。下面是麵粉團的簡單製作法：

——三杯麵粉、一杯幼鹽及一杯水。

——把各種材料混合搓揉直至軟滑均勻，再加上孩子喜歡的食用色素，便成美麗悅目麵粉團。

也可用另一配方調製，材料如下：

——兩杯溫開水、兩餐匙生油、兩餐匙發粉、半杯幼鹽及兩杯麵粉、再加食用色素，用手攪拌混合；待冷卻後便可供孩子取用。

黏土方面如太硬，則可漸次加些水份，慢慢搓揉；直至感覺軟硬適中，不黏手即可。

為免去弄污地毯及地板麻煩，最好在戶外或車庫內放置一張平面玻璃小茶几或一塊光滑長木板。當孩子搓玩麵粉團或黏土時，可玩得更開心、放心。年紀較小幼童可供給一些玩具廚具，如麵粉滾軸、塑膠製小刀、用舊後棄用的煎蛋平底鍋及糕餅印模等。也可讓孩子加上羽毛、貝殼、樹葉、花瓣、松果等作裝飾品。年紀較大兒童可利用麵粉團或黏土做烹飪遊戲，不但有趣而且可多動腦筋自我創作。

小孩子大多喜歡成人陪著玩，分享他們的樂趣及交換心情，也玩得更安心愉快；尤其是下雨天不方便外出活動，搓捏麵粉團或黏土就是最佳室內活動了。當孩子們玩畢後，只要把麵粉團放進一個塑料袋或有蓋的膠盒內，便可留待下次再玩。（通常可維持一個星期）。而玩過的黏土則可分別搓成橙子一般大小的球狀，再用手指在中間按一小孔、加點水後放進一個不透氣的膠盒子便可。如下次取用時發覺太硬，可打碎成小塊，重新放進水裏浸透，直至回軟便可重用。

玩麵粉團及黏土能給孩子增添輕鬆愉悅感，他們可邊玩邊哼歌或談天；通過自我創作，孩子也可學到份量、形狀、重量及大小等數學

概念。

（十）玩水遊戲樂趣多

　　中國古諺曰：「欺山莫欺水」，故大多華人家長禁止孩子玩水。要是在家中玩水，唯恐他們弄濕衣物而著涼生病；要是到河邊或海灘去玩水，又怕發生危險。記得小時候居住鄉間，就試過瞞著父母偷偷與鄰居同伴溜到河邊捉魚蝦，結果弄得全身盡濕；差點沒頂送命。回家後不但給母親狠狠教訓了一頓，還嚴禁此後不許玩水；因而開始對水產生恐懼感。後來兩名兒子也被禁止玩水，那時還住香港，視水為珍貴資源，食用唯恐不足，那裏還能讓孩子玩？那簡直是浪費。直到移居紐西蘭，看見幼稚園的小孩子圍著大圓水缸玩得那麼起勁、開心才開始改觀；也意識到有計劃的安全玩水會帶給孩子無窮樂趣。因此紐西蘭的學前教育活動中，Water Play是不可缺的戶外遊戲之一。每個小孩子都有玩水的機會，以滿足他們好奇及好玩水的心理。

　　其實在家中，玩水的機會也多的是，家長可讓年紀較大的孩子協助澆花、洗車、洗刷花園籬笆或屋子外牆等。年紀較小的孩子也可讓他們在面盆或小水桶內替洋娃娃洗澡、洗洋娃娃衣物或吹泡泡等遊戲。

　　洗澡時間也是孩子玩水的最好機會，讓孩子在浴盆中浮水、潑水、踢水可增加樂趣及增強他們在水中的自信心；尤其在夏天，不妨給孩子一些泡泡浴玩具或若干洗頭水或沐浴油空瓶子，讓他們玩裝水、倒水、量水遊戲。孩子通過玩水會學到乾與濕、浮與沉、暖與

冷、滿與空等概念。同時，給疲倦的孩子一個溫水浴更可讓他們感覺愉快，神經得以鬆弛。

此外，也可陪著孩子來個「雨中漫步」，下微雨時，可給孩子穿上雨衣或撐著雨傘，大手挽小手在雨中散步，親子共享花草樹木在雨水洗滌後的清新美感，也培養孩子的詩意。

紐西蘭是個島國，到處都有美麗清潔的海灘。假日時，不妨帶孩子到海灘去，讓他們玩沙築堡壘、築堤壩等遊戲：以增加他們對水的興趣及戶外玩水的經驗。無論如何還得千萬注意，必須有成人從旁關顧以保安全。即使只有五厘米高的水，也足以使幼童沒頂。因此還請緊記「欺山莫欺水」這名諺。

（十一）沙土泥濘感覺妙

常聽人家說：「我們是玩泥沙長大的好朋友。」可見每個人小時候都愛玩泥沙。只是生長在城市的孩子卻因環境關係而較少機會接觸大自然。生活在紐西蘭，居住環境寬敞，自家庭院給孩子造一個小沙池是易如反掌的事。家長不妨參照下面提供的方法為孩子佈置一個小型沙池。

在庭院中選擇一處日照較多及容易去水的角落，利用木塊或磚頭建築沙池外圍。如庭院中沒有適當地方建造沙池，也可在草地上找一個角落，嵌上木板做個小沙坑，或者利用舊車胎在室外做個小沙圈也可以。

沙土可以從很多地方購買得到，電話簿上的黃頁分類找到建築公

司或礦工廠地址；向他們要求轉讓較大量沙包，然後與鄰居或親友分攤，有些廠商或許會零售少量沙土。

　　沙池、沙圈或沙坑造成後，可開始給孩子玩沙用的設備，例如用舊的篩子，甚至清潔劑或汽水膠瓶，把上半截切下，倒置瓶口便成漏斗，可讓孩子量沙用。洗衣粉的膠桶或冰淇淋盒子，牛油及酸奶的空罐子等，都可讓孩子裝沙裝水用，也可給幼童購買一些沙池玩具，如塑料小沙鏟、挖泥車等。孩子便可樂而不倦玩上大半天。較大的孩子可利用泥沙做成泥糕或沙餅、築路、造橋、挖河、建堡壘等玩意。也可配合上一輯「玩水遊戲樂趣多」中提供的方法，給孩子在沙池玩水，讓他們觀察乾沙在加上水後發生的變化，從而增加他們的科學常識。同時通過玩沙玩水，孩子會學到大、小、乾、濕、輕、重、壓扁、疊高等生字及數學概念。

　　假日有空，也可帶同孩子到沙灘玩沙，但家長務必從旁看顧及留意孩子的動向，多與他們分享玩沙樂趣；與他們談及自己小時候玩沙的經驗，也是增進親子間感情的最好機會。

　　總而言之，任何年齡的孩子都愛玩泥沙，泥沙有各種不同玩法，也帶給孩子美妙的感覺；同時也使他們增加滿足感及成功感。今天就請給孩子造個小沙池，小沙坑或小沙圈。

（十二）多出外遊增見聞

　　現代的孩子比上一輩的我們要幸福多了，小小年紀便隨父母出國旅遊觀光；乘搭飛機或輪船對大多數兒童而言並不陌生，更不足為

奇。在孩子的生長過程中，不同的生活經驗的確可以豐富他們的思想，也大開他們的眼界。家長在經濟條件許可下，多帶孩子出國觀光是最好的學習機會。然而本輯所講介紹「外遊」卻是不需花費大量金錢的旅遊節目；而是所費無幾甚至不費分文的親子散步活動。在西方國家居住的孩子，一出家門便登上父母的私家車，使他們無法細意瀏覽及欣賞路旁風光。這裏建議你多帶孩子出外散步，既健身也增見聞。早餐或晚飯後，抽空帶孩子到家附近走走，既可幫助消化，也可增加孩子對所屬社區的認識，正是一舉兩得。

出外散步前，請先讓孩子背上小背囊，裏面放個小水壺，少量的零食及一條濕毛巾，便可出發了。帶孩子沿途散步時，請容許孩子稍作停留，讓他們爬爬石梯、跳跳水坑、把矮牆當平衡木行走，繞著電燈柱轉圈等，增加散步樂趣，減少趕路疲累。也可讓孩子看看途人在做些什麼工作？例如修路工人的辛勞，建築工人的設計等。途經別人家門外時，可叫孩子停下來讀出其信箱號碼；或欣賞別人房屋不同顏色的屋頂及形狀。馬路上經過的汽車、貨車及公共汽車的車牌也是孩子學習英文字母及數目字的最好教材。

多鼓勵孩子發表他們對周圍環境的觀感：枯萎的樹林或新生的枝葉，美麗的奇花異草或果實纍纍的果樹，枝頭唱歌的小鳥或飛舞花叢的蝴蝶；忙碌採花蜜的蜜蜂等。家長可乘機向孩子灌輸氣候與植物、動物及昆蟲的關係。也可讓孩子說說感受。散步不宜超過一小時，以免孩子太疲累。如途經路旁長椅時，可讓孩子停下休息、飲水或吃點零食。也可利用帶備的濕毛巾抹手、洗臉，以增清新感；相信家長和孩子都會喜愛這不費分文的外游活動。

此外，假日帶同孩子出外參觀及遊覽時，最好帶同照相機、錄影機或手機，隨時把遊覽過的地方拍下留念，例如：公共汽車站、火車站或機場；圖書館及博物館；富有地方色彩的場所，像紐西蘭土著毛利人的會堂（MARAE）等都富有參觀價值。動物園或養有家畜的大農莊、養鴨池及養魚塘、設備先進的新型建築大樓等，都是所費無幾的參觀場地。在家長悉心安排引導下，短程外遊既可增加孩子見聞，也可幫助他們了解及認識自己所屬的社區環境，實在是理想的親子活動。

（十三）自然科學多探討

「好奇」是孩子的天性，他們甫出娘胎便有求知慾，因此身為家長的就得想盡辦法滿足孩子的好奇心。適當的誘導及解答他們的問題是家長的責任。激勵孩子的好奇心，最好是讓他們多用觸覺、視覺、嗅覺及聽覺去比較及探索周遭環境。日常生活中一些有趣的事實都是孩子思索的好問題。例如：

——為何會下雨？雨後地面上的水又從哪去呢？

——螞蟻為何匆匆趕路？

——食物加熱後，有何變化？

——火怎樣燃燒？

家長可先讓孩子自行探討這些自然現象，再加以適當及有科學根據的解釋。同時也可在適當時機向孩子提及：

——日和夜的成因。

——陰天和雨天的成因。

——木材燃燒後會變成黑炭的原因。

——樹木在冬天會落葉的原因。

也可讓孩子多觀察東西的變化，例如：

——把冰塊分別放在室內的杯子及室外的小路上，觀察它們融化的進展及原因。

——黏土或泥沙加水後有何變化？在太陽曬乾水份後有何變化？讓孩子自行做實驗。

——把種子（如黃豆、綠豆）撒在潮濕的棉布上讓其萌芽並觀察進展。

——種植球莖植物（如馬鈴薯）並簡單記錄生長過程。

也可讓孩子觀察東西內部的結構。例如：

——蘋果、橙子、南瓜或奇異果的果皮及種子有何不同。

——汽車機器、鋼琴、時鐘或舊打字機的零件。但必須事前仔細檢查，確保不會傷及孩子身體。

利用下面方法增加孩子的科學常識。

——用放大鏡觀察較細微的動、植物：如螞蟻、葉脈等。

——多看有關機器、動物、植物的圖書及有關科學的電視節目。

孩子發問而不能作答時，家長切勿介意；可向孩子承認自己不懂，並樂意和他們一起尋找答案；從而增加親子間探索真理而意想不到的樂趣。

讓孩子細心觀察事物及學習發問的技巧，令孩子終生受用；也增進他們對自然科學的興趣。

（十四）繪畫圖畫增創意

　　很多家有幼兒的家長常常抱怨說孩子亂塗牆紙，又或是好端端的一本書也給塗得面目全非，其實這皆因孩子喜歡繪畫之故。身為家長的必須針對他們愛隨時隨地執筆塗鴉的率性行為，並給予適當指導與抒發機會，減少他亂塗鴉的可能性。

　　家長發覺孩子開始喜歡隨處塗鴉時，便必須給他們提供紙和筆，並規定塗畫時只能在供給的紙張上，不得隨處亂塗。以下是必需的用品：

　　——各類不同的紙張，如空白報紙、用剩的牆紙、卡紙或一些宣傳單張、或使用了一面的過時文件紙。

　　——大枝蠟筆、粉筆、絨咀筆、圓珠筆、鉛筆以及大小不同的水彩筆。

　　——粉彩、廣告彩及水彩等顏料。

　　孩子作畫時，請不必限制他們如何去畫，而是任其自由發揮，並隨意塗繪顏色。家長可能看不懂孩子的「精心傑作」，但沒關係，請耐心聆聽他解釋畫中意思。家長往往會驚訝於孩子豐富的想像力及創意。

　　孩子可能喜歡用他們的手掌或手指當畫筆，在平面上繪縲旋形或各種圖形，這叫做「Finger Painting」（手指畫）。試用一塊較厚的玻璃平放在廚台上或屋外小桌上，玻璃上盛者顏色糊料，讓孩子以自己小手或手指繪畫；同時請預備好水盆在旁以便孩子畫後清洗之用。

以下是顏色糊料的製法：

——麵粉、冷水各一杯、開水三杯置於不銹鋼鍋內。

——少量食用顏料。

——把麵粉及冷水先攪拌至糊狀，再倒入開水中煮，一邊攪拌，一邊加顏料，冷卻後待用。

——假如孩子在室內進行手指畫，請在顏色糊料中加上少許清潔劑（洗潔精），以便顏色沾污地板時易於清除。（請留意別在鋪地氈的室內進行手指畫，以免沾污地氈。）同時也自製一塊小黑板。方法如下：

——用一硬紙皮或磨滑的木板，塗上黑色顏料便成。也可在下面各環境下讓孩子練習繪畫。

——有水蒸汽的玻璃上，例如冬天早上的落地玻璃窗上佈滿水汽，便是孩子塗手指畫的最好畫板。

——用樹枝在沙地上畫。

——用水槍在柏油路或欄柵上射出圖形。

以上種種畫畫方法，都可幫助孩子思考，表達自我感受，增添愉悅感，孩子們一定會喜歡的。

（十五）多動腦筋砌積木

記得小時候最愛和鄰居小玩伴利用火柴盒砌成汽車，玩賽車遊戲，往往便玩上大半天。現代孩子可幸福多了，各式各樣的玩具積木，既美觀又有趣，每個小朋友的玩具箱中，最少都會有一套積木，

有耐用的木質積木，也有顏色鮮豔的塑料積木。但其實，積木不一定要從玩具店裡買回來。本篇介紹家長一個自製積木的簡單方法：

——先收集一些小型木塊碎料，再鋸成若干長方形，正方形或圓形的形狀。

——把一個長方形及一個正方形對角線鋸開，便成兩個直角三角形及兩個等邊三角形。

——把圓形鋸成相等的兩個半圓形。

——再利用厚沙紙把各形狀的邊緣磨滑。

——如有顏料則可把各個形狀塗上不同顏色，效果會更好；不然保留原木色也可。這樣便自製成一套精美的積木，可讓孩子自由砌成各造型；讓他們多動腦筋，多花心思設計不同造型。

其次，一些質地堅固的硬卡紙盒、紙巾盒、果汁盒、餅乾盒、火柴盒及雞蛋托都是孩子「建造」的好材料。讓孩子把各類大小不同的紙盒砌成樓房、機械人及各種家具。

——把雞蛋托剪成條狀（通常每條四、五個托位）再讓孩子塗上他們喜愛的顏色，並畫上眼睛、加上短足，便成有趣的毛蟲。

——利用兩個火柴盒重疊砌成小汽車，把下面一個盒子的內格抽出成「車身」，便成一輛小汽車。

此外，牛奶瓶或果汁瓶的膠圈或膠蓋、酸奶的空罐及牛油盒等也可讓孩子自由拼砌。孩子通過用手觸摸，堆砌及打散造型，重新建造等活動中都可學習到大小、形狀、數目、高低等數學概念。大多孩子破壞力強，總喜歡毀掉自己建造的東西，然後再重新建造；玩積木便可滿足他們這種「破壞」性的心理。通過他們的堆砌拆毀，也能增加

解決困難及動腦筋機會。

同時最好利用大型硬卡紙箱或舊洗衣籃讓孩子整理及收藏積木，從今天開始，請家長盡量把各式紙盒、膠蓋儲起，以便孩子當積木玩具。這些都是不費分文的剩餘物資，既可當玩具，又可從小養成節儉美德，實在是一舉兩得。

（十六）角色扮演添樂趣

「哈囉，是珍珍嗎？我是小麗，我們購物去吧……」

陳太太看見女兒手握玩具電話自言自語，接著放下聽筒，掛上一個「手袋」，取出一個碧眼金髮洋娃娃，放在小嬰兒推車上；推門而出。陳太太發出一陣會心微笑。她知道女兒又在玩假想遊戲——到超級市場購物去。實際上，女兒只是到花園去逛逛。

假想遊戲是小孩子學習及成長的里程碑，小朋友愛在任何時間及地方假想裝扮遊戲。通過電視及故事書等激勵，兒童把故事重演出來，這裡介紹一些給小朋友玩假想裝扮遊戲的道具。

——舊衣物：包括大人穿過的衣裙、手袋、鞋子等。

——整塊的碎布料、舊毛氈、毛巾、椅墊、大卡通紙盒等。

——醫生用品玩具、農場、商店等模型、玩具動物等。

——空餅乾盒、牛油罐、冰淇淋盒、切口平滑的空罐等。

——玩具電話、洋娃娃、小嬰兒推車等等。

孩子可能喜歡和家長一起玩假想裝扮遊戲，很多小朋友都有自己「想像中的玩伴」。像上述例子中的小麗，她假裝和珍珍通電話，

可能根本沒「珍珍」這個人，「珍珍」只是小麗想像中的玩伴，可能小麗平時看慣了陳太太打電話約朋友外出購物，於是她也學著媽媽口吻，約她想像中的玩伴購物去，這就是小孩子通過模仿大人日常生活而吸收經驗的遊戲：是很自然的一種現象。

小孩子經常分不清真實與虛假，亦不知那是一種假想裝扮遊戲；兒童只是把生活中發生過的事一次又一次地演繹出來。這是他們學習應付真實環境的最好途徑，並從中學習到體諒及關心別人的價值觀。

假如父母常在子女面前爭吵，就會對幼童造成壞影響，也會在幼小心靈中留下不可磨滅的陰影。以致他長大成人後，變成愛爭吵的人。因此身為父母的請多警惕自己，最好讓孩子在祥和的裝扮遊戲中取得樂趣。

（十七）數學概念從小學

無論小朋友做任何事或玩任何遊戲，他們都可學到數學。例如：

——找出同類的東西

——把東西分類

——數數及利用形狀、顏色、大小、數目、位置及圖樣等

日常生活中，孩子無時無刻都用得著，也學得到數學。家長出外購物時，在家弄茶點及做飯、曬衣物時，請常與孩子談及多少、大小、空滿、輕重、長短、上下、高低、最高及最低等詞組，以加深孩子的數學概念。同時當和孩子玩遊戲時，也是教他們學習數學的好機

會。例如配對襪子及鞋子，或把玩具刀、叉、匙等分類。年紀較大的孩子可請他們幫助佈置餐具，讓孩子邊工作邊玩也邊學習。家長還可自行設計些數學遊戲，例如：

——帶孩子到海灘去收集貝殼、圓滑的小石子等；也可到公園撿拾落葉或松果，讓孩子學習分類。

——利用雜誌或畫冊上的圖片、舊聖誕卡等給孩子認顏色或圖形，再著他們數出共有幾張，以學習加、減法，或配對等遊戲。

——用碎毛線、繩子、鞋帶等屈成圓樣，或用鈕釦、牛奶膠蓋（中間刺穿一孔），剪成小段的吸管等串成環，讓孩子們認識曲線、直線、環狀等圖形。

——利用積木、簡單拼圖、配對卡、工具板等也可讓孩子認識形狀、大小及顏色。

——將大張圖片剪成若干碎片，造成拼圖。

——把整張圖片貼在硬卡紙上，再剪成簡單形狀（如正方形、長方形、三角形、梯形、或平行四邊形等，再著孩子拼回原形。

簡單配對盒的製法，材料如下：

——兩公升的空冰淇淋膠盒一個、若干火柴盒、捲線軸、牛奶瓶、貝殼等物件以備用。

——在冰淇淋盒的五個面挖出圓形、正方形、長方形、三角形、扇形等，再著孩子把各物配對各形狀的孔放入盒內。

總之，只要家長肯動腦筋、花心思，孩子將會隨時隨地學習到無窮無盡的數學概念，而且越早訓練及培養他們對數學的興趣，對孩子的智力就越有幫助。

（十八）和平遊戲好處多

在兒童發育過程中，除需要耗費體力的戶外運動外，溫和平靜的遊戲也不能缺少，身為家長的可以：

——利用玩具吸引孩子興趣。

——利用音樂來安撫孩子過激情緒。

——讓孩子有屬於自己的空閒時間及私有天地。

——在必要時要幫助孩子發洩過剩精力，當孩子玩較溫和平靜的遊戲前必須使他們先發洩盡過剩體力，以便平伏過激的情緒。以下提供一些活動供家長參考：

——讓孩子在椅子下「建造道路」或在走廊中「營造房子」，可用硬紙盒圍起一個「小小尋夢園」，讓他們在屬於自己的小天地內休息。

——給孩子戴耳筒收聽輕音樂或故事錄音帶。

——用舊圍巾或絲巾給孩子持著奔走，輕柔的絲巾隨風飄動的美感會增加孩子的舒適及快感。

——閱讀一些有和平結局的兒童故事給孩子聽，以培養他們愛和平。

——隨著輕鬆音樂，和孩子一起手舞足蹈，也可跟孩子一起唱遊或作溫和適當的逗笑動作。

——沐浴時間也可令疲倦的孩子鬆弛神經，給他們一些塑料空瓶子或洗澡玩具讓他們在水中玩耍：大多數孩子都喜歡玩水。

——請年紀較大的孩子幫忙擦乾碗碟等食具，較小的孩子也可請他們幫忙摺疊自己的衣物；及早養成孩子幫助做家務的好習慣。

——時常和孩子談及「憤怒」而不是「暴力」的感覺，這樣可幫助孩子瞭解和平的意義。

——常告訴孩子當父母的感覺。（例如孩子不聽話時你會不快，孩子乖巧的時候你會愉快。）同時也鼓勵他說出自己的感受。

——當孩子做得對時（例如懂得與別的孩子分享玩具或玩得安靜時，記得給孩子一個微笑或輕吻，使孩子知道父母在欣賞他們。對於年紀較小的兒童，與人分享可能比較困難（這是因為孩子自我中心作祟。）但父母應鼓勵他學習忍耐與及「輪候」的意義。

總而言之，溫和平靜的遊戲能培養孩子自我約束，也可使他們學習到如何與人相處及享受群體生活的樂趣。

活潑的小學教育
（Year 1~8）

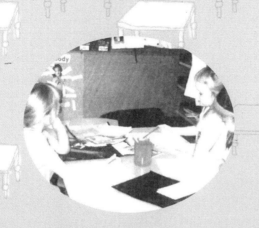

一般教室的佈置

全體學生圍坐基地上課，老師指導
學生小組式表演布偶劇

個別學生利用電腦學習

戶外學習日：

參觀歷史村當天師生穿上十八世紀服飾

師生參觀歷史村內的汲水井

人體解剖模型

流動教室

「哈樂」是生活教育的主角。

圖片由Life Education提供特此鳴謝。

戶外教育營：

水上自信訓練、騎馬、射箭

划橡皮艇

沿繩滑行

圖書室一角

扮演故事主角的盛裝日，學生穿扮
成自己喜歡的角色上學

文化意識週（a）

文化意識週的民族服裝日，學生穿上
各國傳統服裝上學

文化意識（b）

太平洋島學生表演民族舞蹈

文化意識週（c）

各國美食日由家長提供不同
國家食品

本地兒童學用中國筷子吃午餐

中外學生表演台灣高山族舞蹈

初中學生在上金工課

初中女學生在上木工課

華人家長為學校佈置新年壁報後合照

華人家長精製中國春卷為學校募款，
中立戴帽者為校長

一、入學前的準備

（一）如何為子女選擇學校

「教育機會均等，國民識字率高」是紐西蘭一個特色，兒童由五歲開始便可報名入讀小一（Year 1）。由於紐西蘭的學前教育並非強制性，因此小學最初兩年也就是幼兒班（即五、六歲所讀的Year 1及Year 2），相當於亞洲國家幼稚園課程。Full Primary為學生提供小一至小六－Year 1-8（五至十二歲）小學課程，但大部分Primary只提供小一至小六－Year 1-6（五至十歲）的課程，Year 6後學生得再升讀初中過渡學校（Intermediate School，又稱為「高小」），也即Year 7-8。換言之，家長如替子女選了Full Primary，則無須再為子女選讀初中而煩惱，否則選了一般Primary，就要在子女的Year 6最後一學期，再選初中學校。通常小學老師會替他們申請附近初中，並會安排一次學前探訪（Pre-visit）或請初中校長到小學預先介紹初中一般情況；有部份還會召開 新生會議解答家長疑問。而家長亦得在規定期限內到子女屬意入讀的初中填好報名表格，才算辦好入讀初中手續。

紐西蘭的學校可分下列各種類：

一般國立學校——小學通常是男、女同校，到中學或有分開男、女校。一律免收學費，但每學期只收適量捐款（Donation）。

政府資助學校——通常校舍是私人物業，接受政府部份資助，得依照教育署制定課程施教；但可自定宗教信仰及教學方針，並收取定量學費。

私立學校——大都由宗教團體經營，故收費較昂貴。此等私立學校通常是男、女分校，也有男女同校；收生條件也較嚴。例如成績要求較高，而且要與學校信仰相同的教徒才會列入考慮範圍。

寄宿學校——分私立及資助兩種，均收取寄宿費及學費。

函授學校——為全國國民提供函授課程，專門為因身體有缺陷、因工作關係、或居住於偏遠地區的學生而設的特別課程。學生無須親自上學，只要報讀函授學校便能安坐家中按時收取講義自修。

毛利語學校——為毛利人而設的國立學校，主要以英語及毛利語授課，特別適合曾入讀毛利語幼兒園（Kohanga Reo）的兒童，課程多著重毛利文化習俗及價值觀。

家庭式學校——紐西蘭政府尊重家長意願，如家長認為自己寧願在家提供子女正規教育，則可向政府申請資助；再由函授學校供給資源及教材。目前此等家庭式學校已有增長趨勢。

至於部份因智商或行為異於常人的學生則可向特殊教育服務組（Special Education Service）申請入讀有特殊設備的學校。

一般華人移民家長都為子女選擇國立學校，但也有部份喜歡把子女送往私人開辦的宗教學校，更有些將子女送讀寄宿學校；自己仍留居老家營商或工作。總之各適其適，但求為子女提供良好教育而自行選擇，各有所好。

（二）為子女報名入學

紐西蘭教育部雖強制規定國民教育由六歲才開始實行，然而很多家長在子女滿五週歲前便會未雨綢繆，先替其報名入讀小一。家長如果為子女選擇國立小學的話，則必須前往自家的學校網（School Zone）所規定的學校報名（報讀私立及寄宿學校則不受此限制）。

紐西蘭一般國立小學均無須入學試，家長只要在子女滿五週歲前數周帶同他探訪屬意入讀的小學；約見過校長、老師後，校方便會將兒童個人資料紀錄好，待他過了五週歲生日後，便可正式入學。

在此之前，校方會建議家長先陪同子女到小學作學前探訪（Pre-visit）一兩次。兒童如曾入讀附近幼稚園，園方也會預先安排他到報讀小學去參觀；以熟悉環境。每次學前探訪時間不超過兩小時，家長必須全程陪同參與；並得為子女預備「午餐盒」及茶點小食，以便小息時與其他孩子享用，這是訓練兒童習慣學校生活的第一步。

在首次學前探訪中，校方通常會安排一名高年級學生陪同介紹校內各地方設施：如洗手間、操場、禮堂、圖書館等所在位置，使兒童對未來學校有所認識。有些學校還會派發校園簡圖給家長，以便家長陪同子女走訪一圈，這對於從未接觸過小學環境的兒童大有幫助；而對那些已有幼稚園經驗的小朋友也有大開眼界作用。幼稚園畢竟只是個小遊樂園地，與面積大好幾十倍的小學校園自然不可同日而語，因此走訪小學校園絕對有利於小朋友，不但增加見聞，更可訓練孩子膽量。

至於年紀已超過五歲的兒童，曾經入讀其他小學或剛從外地移居到紐西蘭者，報讀國立小學的手續也很簡單。只要父母或監護人陪同孩子前往屬意入讀的小學，填寫報名表（Enrolment Form），出示出生證明文件或護照證件後，校方通常會將該等文件複印，留下副本給學校作紀錄；再派發文具單及午餐訂購表、校車路線圖、制服價格表及學校簡介小冊子等予家長。而一般校規、教職員名單、學校校董會（Board of Trustees）及家長教師協會（Parent Teacher Association）成員等，也會詳細列明於小冊子內供家長參考。

紐西蘭學校並無強迫性規定學生穿制服的條例，只由各校自訂規則。但目前大多中、小學都規定學生穿著制服，以劃一觀瞻，並使學校保持良好聲譽。

紐西蘭一般小學報名表內容：

```
學生資料：
姓：      名：
性別：
出生日期：
家中次序：
兄姐在本校就讀姓名：
地址：
電話：
是否紐西蘭居民：是／否
先前學校：
校址：
曾就讀何級：
先前牙科紀錄：
先前幼稚園／遊戲中心／毛利語幼兒園
家長／監護人資料：
家長：姓：      名：
```

職業：
電話：
工作地址：
監護人：　姓：　　名：
職業：
電話：
工作地址：
緊急聯絡人
第一位：　姓名：　電話：
第二位：　姓名：　電話：
家庭醫生姓名：
電話：
合法監護人姓名：
電話：

學校成績報告請交下列人士：
監管安排／監管權限制：
（請另附有關兒童監管權文件）
兒童所屬種族：
兒童母語：
宗教信仰：有／沒有
健康詳情：
藥物過敏：
藥物治療：
健康問題：
視力：
語言能力：
聽力：
提供更多其他資料：
學生是否有課外才藝訓練：
（如舞蹈、音樂、演講、美術等）
特別嗜好／興趣／所屬組織等：
家中是否有弟妹將會報讀本校：
出生日期：
出生日期：
出生日期：
家長／監護人簽署：

遇拒收時怎麼辦

在一般正常情形下，兒童都能順利入讀所屬校網內任一小學，但有時或有特別情形發生，例如屬意入讀的學校收生額滿，或學生條件不符合該校制定的入學規條（Enrolment Schemes），則校方會拒絕收生。在如此情形下，家長便需另覓他校。但如不幸再三遭拒收，致使適齡學生無法入學時；家長便可向教育部投訴。有關部門負責人在接獲投訴後，便會聯絡投訴家長進行處理。首先得填寫表格，包括適齡學童資料，拒絕收生之學校（兩所以上）證明、學生住所與拒收學校之距離（包括步行及車程）、學生申請入讀該校之理由（如有兄姊在該校就讀是最好理由）。此等資料均依照紐西蘭教育條例第十二章B節（Educaion Act Section 12B）內所賦予之權力，並建議家長作出相應程序以解決不快經驗。

家長填妥表格後須立即遞交教育部，教育部接獲拒收證據後便會向有關學校作出調查；並依據教育條例十二章B節規定，下令校方為投訴人提供滿意回應。一般拒收情形在經過上述手續及處理程序後，大約需兩、三星期便得解決；這是所有紐西蘭家長的權利。因此，一般華人新移民學生如不幸被拒收入學，家長就得盡快與紐西蘭教育部（Ministry of Education）聯絡。網址是： http://www.minedu.govt.nz/

二、一般小學的情況

（一）學生方面

1.入學的第一天

　　玲玲五歲生日那天中午放學前，幼稚園老師請她坐在園長身邊，又給她戴上預先準備好的彩紙生日帽。圍坐在地毯上的全體小朋友在老師指揮下，合唱一首生日快樂歌，然後一起拍了五下手掌，祝賀玲玲五歲生日快樂。這時候，玲玲的媽媽也帶來了一個大蛋糕和一些糖果，與幼稚園內全體師生分享。園長及老師紛紛上前擁抱玲玲，祝福她從明天開始踏入多姿多采的小學生活。

　　玲玲早已十分嚮往入讀小學。數月前，媽媽給她在家附近的小學報了名，並帶她前往學校做了兩次學前探訪（Previsit）。玲玲的哥哥大雄也在這小學唸三年級，玲玲想到明天便可以和哥哥一道上學，心裡既緊張又興奮，晚上差點兒睡不著呢！第二天大清早，玲玲就自動起床，不用媽媽催促便自行穿好新買的學校制服。她揹上美麗新書包，正想找哥哥去，媽媽已把午餐盒遞給她。玲玲歡天喜地接過，拉著媽媽的手笑著走出大門；哥哥大雄也高高興興拉著玲玲另一邊手上學去。玲玲的班主任是位剛畢業的年輕女老師，為人和藹，態度可親。一見玲玲便親切地迎上去，玲玲對她也毫不陌生，因為前兩

次的學前探訪時，這老師對她很關心，還給她送了兩個「I am a good girl——我是個好女孩」的漂亮黏貼紙。玲玲今天第一次正式上學，老師又給她一個「I am a Kiwi Kid——我是紐西蘭孩子」的精美襟章，玲玲打從心裡喜歡班主任。上課鐘聲響過，全班小朋友都安靜坐在「基地」上聽老師點名。老師點名前便向全班同學介紹說：「玲玲今天正式上學了，我們一起鼓掌表示歡迎她，好吧！」一陣熱烈掌聲響起，玲玲已樂得不像話。她給站在身邊的媽媽一個充滿自信的可愛笑容，表示自己已長大了，開始上學了，再不像上兩次的學前探訪那樣，緊緊拉著媽媽的手不讓媽媽走了。

老師點過名後，又安排了一個小女生做玲玲的Buddy（伙伴），還請她告訴玲玲哪裡是衣帽間，哪裡可掛放書包等等。玲玲開心又安心，她靜靜地跑到媽媽身邊對她說：「媽媽，妳放心回家吧！我很喜歡上學……」這時候，玲玲的班主任也走過來對玲玲媽媽說：「你放心好啦！下午兩點再來接玲玲放學吧！」（一般新生通常會提早放學）。玲玲的媽媽看著剛滿五歲的小女兒，一下子好像成長了許多；微笑向她揮手道別後便安心回家去。而可愛的玲玲，從今天開始，將慢慢踏進她愉快的生活軌道了。

像上述故事主人翁玲玲的入學第一天，相信也是紐西蘭一般小朋友的集體經驗。但世事無絕對，偶而或會有例外。一些性格內向、膽小的小朋友，也許在開學頭幾天仍需媽媽陪伴；無論如何請牢記，兒童學習獨立是個必然過程，只要他不太苦惱、過度哭鬧，家長堅決離開課室，把責任交給老師才是明智之舉！

2.課室的佈置

　　時代不停進步，社會制度也隨之改變；而教育是國家百年基業，更應隨著時代巨輪的推進，迎合社會的發展而作出相應改變。紐西蘭政府早於一九八九年實行的教育改革中，就已明顯賦予各中、小學充分的自我管理權（Self-Management），也給家長提供參與校政的機會，比如成立校董會（Boards of Trustees）、家長教師協會（Parents Teachers Association）等組織；鼓勵家長在能力及時間許可下盡量到學校協助，義務擔當家長助手（Parent Help）。同時，教育部也制訂了一套課程體制為教師授課依據，建議採納以兒童為中心（Child Centred）的教學法。因此，紐西蘭近幾十年來的教育制度已靜靜起了重大改革與變化，而這些變化中尤以小學課堂的佈置及授課方式最為明顯。

　　大多小學課室裡的書桌再不是以前的一行行排列，而是作若干小組式的安排，每組約有五、六名學生圍座圓形大桌；而教師桌前也以小型白磁板代替了從前的大黑板。白磁板前一大片「基地」則是學生集體聽課時席地而坐之用。此外，課室四周設有曲尺型書櫃供學生放置堂上用品。也有科學角、數學角、小型圖書架等。書架前更放置軟墊供學生看書時坐擁享用。這就是紐西蘭一般開放式課室大同小異的佈置。目的是給小學生提供一個舒適自在，活潑愉快的學習環境，也是使教師的綜合教學法（Integration）得以順利進行的必要改變。

3.綜合教學法

　　很多華人家長抱怨子女在學校沒有上課時間表，也沒有課本、作業帶回家。問孩子在學校學了什麼？他們也無從具體回答學了哪些科目，家長在家想要替他們溫習也欲幫無從。這的確是事實，也使得一般關心子女教育的家長深感困惑。要了解其中原因，家長必須認識何謂綜合教學法（又稱單元教學法或活動教學法）。

　　在紐西蘭學校裡，實行「綜合教學法」的老師必須於授課前擬好周詳計劃，訂下有系統的教學大網；並依學生班級不同，安排好適當的單元及主題（Topic）。每個單元或需時三、四星期，或只需時一周，（通常與班級高低成正比）。教授這些單元無指定課本，然而單元內容所涉及的科目則需依照教育部制定的「紐西蘭課程體制」（New Zealand Curriculum Framework）為藍本。科目包括語文（Languages）、數學（Maths）、科學（Science）、科技（Technology）、社會科學（Social Sciences）——泛指文化、歷史、地理及環境等、藝術（The Arts）——泛指美術與音樂、健康及體育（Health & Physical Wellbeing）等七科。並以「兒童為中心-Child Centred」現代教學法讓學生從實踐中學習。這方法確實與從前傳統注入式教法（也是大多數家長求學時代所接受的方法）有著極明顯的差異。有些家長甚至質疑這樣的教學法對學生有什麼好處？那就非得從下面例子中去了解不可了。

　　八歲的安妮是Year 4學生，今天老師宣佈在往後的兩周內將學習一個名為「動物」的單元，並且要每個學生回家先作資料蒐集，內容必須要是自己喜歡或有興趣研究的動物。並得將那種動物的外型、名

稱、生活習性、種類及聚居地等先作了解，第二天上課時便須向老師及其他同學略作口頭報告。老師於是便將研究同類動物的學生合組，如「老虎組」、「獅子組」等等。接著更要求每組學生再深入研究，並分工合作，有的繪圖、有的造模型、有的找資料寫成報告。學生各盡所能後，便須將初稿交老師審查，以便老師提供意見。最後才利用學校電腦把整個報告編印出來，再向全班同學作口頭匯報，稱為Presentation。經過兩周深入研究後，安妮及她同組的同學都在各人分工合作，親力親為的實際經驗中得到她們想要的知識，而這些知識都是按照她們自己的能力及進度而學習到。通過這研究及蒐集過程，她們的分析、判斷及思考能力也同時得以增強，而使用現代化科技——電腦的技巧也得以反覆練習。

由於研究活動的組員多在上課時間內與同學一起進行，因此也就無須帶作業回家，而這也就是很多華人家長疑惑，為何子女每天很少帶功課回家的原因。其實做功課只是學習過程中的一種副產品，這種從實踐中學習的綜合教學法已使學生印象深刻，並將所學重點牢記腦海，因此事後也無必要多做機械式抄寫及死記硬背工夫。同時通過如此這般的綜合教學法，學生獲得下列好處：

（1）節省時間——通過單元學習，學生能同時學到不同科目。以上述的「動物」單元為例，已概括了下列各科：

　　a. 語文——訓練口語、創作及寫報告能力。

　　b. 數學——動物統計圖的設計（如全班最受歡迎或生命最長的動物等）。

　　c. 科學——認識自然界動物的習性及種類。

d. 音樂——與動物有關的歌曲。

e. 美勞——繪圖或動物造型創作。

f. 科技——應用電腦技巧（上網蒐集資料及編印時必用）

g. 社會科學——培養愛護動物及認識環保的重要性。

（2）協同學習——通過小組式討論及研究，增進與別人溝通及合作能力。

（3）各展所長——為把小組報告完成，學生必須各盡本能，發揮繪圖、寫作、計算、演說等專長，以收最佳學習效果。

（4）主動學習——學生所作的研究都是自己興趣所在，在心情愉快的心理狀態下，主動吸取知識，所學自然比接受老師死硬輸入的來得更牢固、也更有趣！

　　家長了解過「綜合教學法」後，想必明白為何子女沒有時間表，沒課本沒家課吧！而知道他們通過這種教育新方法而獲益良多時，也應放下心頭大石了。

4.個別特殊組

　　為求達到老師傳授及學生接收的最佳效果，紐西蘭一般小學都會實行一些特別的組合制度以迎合不同學童需要。這些包括混合班、天才班、學習困難組、殘疾兒童組與閱能復得計劃。依次序闡述如下：

（1）混合班——Composite Class

　　紐西蘭的小學共分六年，即Year 1-6。有些家長可能對學校編班的問題有點混淆，有時同年出生的孩子也未必被編入相同年級。原因

是紐西蘭學校編班是依學生的出生月份而定的，通常以五月份及十二月份作為分界線，舉例說蘇珊今年五月才滿五周歲，那麼她生日後便會入讀Year 1，到明年二月開學時她因未滿六周歲，因此便會被編入Year 0與Year 1的混合班（Composite Class）；如果蘇珊的學習及適應良好，明年二月開學時雖然未滿六周歲，她仍然可以升上Year 2（學習跟不上則可能續讀Year 1）。家長通常不大了解混合班制的問題，或會覺得自己孩子可能比其他同年出生孩子資質較差，才會被編入混合班；其實完全不是這回事。

根據調查報告顯示，入讀混合班的學生將會更有效的發展社交能力，也會因同班中有不同程度的學童而更能互相適應，互相學習，也更懂得融洽相處之道。例如在一個Year 5及6的混合班中，學生的年齡會是九至十歲之間，而各孩子的閱讀能力也有所不同。可能有些只有八歲的程度，而有些則已達十多歲的程度。如此一來，他們都能依自己的閱讀能力而選擇讀本，而程度較高的學生也可能作為程度較低同學的「小老師」，這樣以同輩之間互相學習所得，要比老師統一教導收益更大。閱讀能力較差的學生也許數學特別好，或對科學特別有心得，這樣他也可以將自己心得與其他閱讀能力高但數學或科學較差的同學分享。因此，教育專家研究後證實入讀混合班的學生利多於弊，原因是他們會比其他學生更易適應環境；而所學到的知識也更多元化。

（2）天才組——Gifted and talented

學校設立天才組有兩大目的：一是幫助天資特異的學生盡量發揮個人潛能；另一是保證他們長大後能將自己所學貢獻於社會作為回

饋。有些學校為迎合這些天資或智商特高學生，往往會有特別教法以確保他不會被同班其他同年齡學生所拖慢。那麼教師如何在一班學生中斷定及識別誰是天才兒童（gifted and talented）？又如何迎合他們的高智商？

這可循以下途徑觀察後加以協助。

有些學生在校內表現遠超同班同學，如運動、音樂、數學或是話劇等方面均有突出成績，有些甚至兼具多方面高水準才能，這些學生即可被稱為「天才兒童」。有些同班中可能有超過一名以上天才兒童，教師便必須特別將他們合成一組；賦以額外輔導及為他們設計特別課程，再施以協同小組教法；同時也可將不同班級而具相同才能的天才兒童編成一組，在規定時間內將他們抽離課室，由對某學科有特別專長及興趣的教師加以指導訓練；使天才學童盡量發揮個人所長。一般學校合唱團、話劇組及運動組等大都由天才兒童組成。

（3）學習困難組──Learning Difficulties

與天才兒童相反的是學習有困難的學生。形成學習有困難的原因很多，如理解力有問題、腦官能失調、因疾病而經常缺課、或發育較遲緩等等。正如迎合天才兒童一樣，這些學生也需要教師安排特別課程加以協助。最常見的是由教師助手（Teacher-aide）施以小組式或單對單輔導方式。

對於被證實為學習有困難的學生，教師通常會為他制定個別教育計劃（Individualised Education Plan，簡稱IEP），並與其家長共同商討一個統一協助的方法，使他能在學校與家庭之間取得協調，從而進

行有效學習。與此同時，也為針對個別學習有困難的科目而設計特別課程加以輔導。

為迎合此等學習有困難的特殊學生，可能涉及特殊教育服務組（Special Education Service，簡稱SES）的心理學家（Psychologist），語言治療師（Speech Language Therapist）或巡迴特殊教師（Itinerant Special Needs Teacher）等特殊教職員。

有些學校為提供對學習有困難的學生更多輔導機會，也減少一般教師工作量，更附設特殊組（Special Needs Units）加強照顧此等學生。換言之：學習有困難的學生可與其他主流班同學一起上正常的術科活動、全體集會、運動會及體操課等，但必須 到「特殊組」去上一般學科。

（4）殘疾兒童組——Children with Disabilities

身體有缺陷，或智商過低的學生，通稱為「殘疾兒童」。這些學童通常會由受過專門培訓的老師教導。這些專門教師或會於一般正常學校任教，或會在有特殊設備迎合殘疾學童的特殊學校內工作。近年來，很多小學都採取融合主流班（mainstream-class）方法，使得這些殘疾而兒童能在正常學校內就讀，原因是減少殘疾兒童與社會隔離的疏落感，也使其他身體正常的學生有機會學習照顧殘疾人士。對於智商嚴重低落的兒童，學校也會為他們提供特別課程，而上一般的美術、音樂及運動課時才回歸主流班。

（5）閱能復得計劃──Reading Recovery Programme

「閱能復得（Reading Recovery Programme）」是世界知名的訓練兒童閱讀計劃，由紐西蘭的瑪莉·卡雷夫人（Dame Marie Clay）及若干位高學歷的合格教師協力始創。此計劃通常以六歲兒童（就讀Year 2）為對象。教師如發覺班中滿六周歲的學童在閱讀方面有困難，則每天會規定時間，由受過Reading Recovery計劃的教師加以特別指導，直至他們達到同年齡兒童的閱讀能力為止。接受「閱能復得計劃」的學童家長也會受教師邀請旁觀學習特別教法，以便在家能採用與教師相同的方法協助子女學習。很多學校因資源人力所限，只能在每班中抽出若干有急切需要協助的學童參加此特別計劃。

據了解，一些母語非英語移民學生較多的學校，校方多會安排NESB課程（Non English Speaking Backgrounds）輔導此等學童。近十多年來，由於到紐西蘭定居的亞裔移民數目激增，使得部份移民聚居地區的中、小學增加了不少母語非英語學生。這些學生包括來自香港、台灣、中國大陸、韓國、非洲、伊拉克、印度、斯里蘭卡、中東等地區，為了使他們盡快融入主流課程，教育部特別額外撥款資助移民學生較多的學校，並設計NESB課程加以輔導；通常NESB課程可分下列三種形式進行。

（1）小組式輔導

語言是智力發展的重要一環，對於那些母語非英語學生，最好是讓他們有繼續使用母語思考及讀、寫的機會；尤其是在原居地已接受

過母語教育的較年長移民學生，更要鼓勵他們用母語閱讀及書寫。經專家研究證明，母語能力強的孩子，學習第二語言的能力也越強；因此學校老師在分組進行NESB課程前，就得先了解學生的教育經歷。通常會將已有母語基礎的學生編成一組，鼓勵他們先用母語討論及讀寫，容許他們使用雙語字典；再將內容翻寫成英語，這當然得在雙語教師的輔導下進行。

一般輔導NESB學生的教師都要受過特別培訓，稱為TESOL——Teaching English to Speakers of Other Languages。他們會在每周抽出兩、三小時對NESB學生進行有效指導，加強學習生字機會，鼓勵他們多以會話表達，先用簡單句子造句，慢慢進展成複雜句子。教師亦會先教他們一些課堂上常用及必用詞彙、短句等，經過反複使用後，學生對之印象日漸深刻。待他們英語能力較強時，自信心也隨之增加。接受小組式輔導的時間也可縮短或完全取消；繼而慢慢融入主流班，並與同學一起上課。

至於低班的NESB新生（通常都是在原居地未受過正式母語教育的孩子），教師也會每周抽離他們到另一課室授以英文詩歌及兒歌，利用韻律節奏教他們學習英語。為增加學生字彙生詞，也會利用圖片或實物再配合字卡使他們加深字與義印象。此外並利用有趣的拼圖活動、工作卡等等教具協助他們學習英語。待基礎打好後，便開始教他們看圖造句；先用口頭造句，再由教師協助寫下簡單句子。待孩子自信心增強後，再讓他繪圖並自造複雜長句。至於自信還不足者，則由教師代寫句子前半句，學生接寫下半句；直至英語基礎較穩定後，才慢慢減少輔導時間。

（2）助教輔導

　　一般學習上無大困難的NESB學生，經過教師悉心指導後，很快便會融入主流班，快快樂樂接受紐西蘭課程。那些學習上有較多困難的學生，學校或許會安排教師助手（Teacher Aide）進行單對單輔導。通常教師助手會利用較多資源，如錄音帶、實物、圖書等等……並為學生特別設計課程，由淺入深進行輔導，以期達到最佳效果。

（3）夥伴輔導（Buddy tutor）

　　教師會在班內物色一些有同情心、有愛心、友善可靠、有耐性及英語能力強的雙語學生，對新來NESB學生進行定時協助及指導；稱為夥伴導師-Buddy tutor。作為夥伴導師的學生，不但因此增強自信心，也學到如何協助別人的技巧，達到「教學相長」目的。至於接受協助的NESB學生，通常會在教師指定的夥伴導師帶領下，定時學習到與主流班相同的主題，並互相交流意見，由於大家年紀相若，NESB 新生會減少面對教師的壓力，心情也隨之放鬆，因此較容易吸收所學。通常，一般接受夥伴指導、協助的NESB學生大都是性格較為開朗主動，學習能力較強的孩子；他們只需在短期間內得到協助，便能很快融入正常主流班，與其他同學一起進行相同的學習活動。而他也往往成為另一批NESB學生的夥伴導師。

　　上述各種特別課程及組別，都是目前紐西蘭一般初中及小學內所常見的。

5.戶外學習日——參觀歷史村

　　曾經參加奧市東區某小學的戶外學習日，觀訪了位於Lloyd Elsmore公園內的歷史村（Howick Historical Village）獲益良多，因而對紐西蘭小學的單元活動教育又有進一步的認識。

　　參觀前一個月，該校幾位中年級教師已定下戶外單元教學內容，並將詳細計劃透過學校通訊（Newsletter）知會家長，列明參觀日期、時間及目的地。更建議並要求家長為子女預早準備「適當服飾」以便參觀當天穿戴。

　　那次戶外教學日選定了「歷史村」，該村內展示的全是1840-1880年間英國移民在紐西蘭的房屋、學校、教堂及練鐵廠等。為使參觀學生更能全情投入當天行程，老師建議他們穿上英國維多利亞女王時代的服飾（1837年開始維多利亞女王便登位）。男生上身穿的是長袖襯衣配以鬆寬蝶形領結，下身穿上寬大長西褲，長統襪子套上褲腳，外加短背心或西裝外衣；腳登靴子或繫帶皮鞋；頭戴無邊帽子。女生則上穿花邊罩衫，下配長及小腿的裙子及寬鬆長內褲，裙子外搭碎花小圍裙，肩披三角巾；頭帶草帽或太陽帽。除此之外，當天午餐也要配合十八世紀時代的形式，老師建議孩子以方巾包裹麵包，家庭自製餅乾、芝士或水果等，再將方巾對角打結做成挽手，帶到「歷史村」去享用。

　　參觀當天早上，中年級課室內果真是時間倒流百多年，絕大部份本地學生都一早依著老師通告上的建議，穿上了上文描述的維多利亞女王時代服裝：大多由巧手媽媽縫製；而老師們也以身作則，穿上適

當服裝，好一派十八世紀英國淑女風範！上課鈴聲響過後，老師便向學生們耳提面命，吩咐到達「歷史村」後的分組行程。「歷史村」內可學習的資料甚多，他們得由九時多一直逗留至二時半才回程。

待將一切細節交待完畢後，教師更著男女學生分別列隊兩排，向同學展示自己身上所穿服裝，有的更有如在作時裝表演般地轉了個圈；女的拉著裙裾雙膝微屈行了個淑女禮，男的則左手按前腹，彎腰行個紳士禮，同學們都為他們鼓掌叫妙：顯然老師已事先教過他們一些英國男女的禮節了。

當天參觀歷史村的學生一行六十多人，在兩位老師及多位家長助手的帶領下，秩序井然登上學校巴士。「歷史村」距離該校只約五分鐘車程，學生們還未坐定，巴士已到達目的地。他們魚貫下車後便分班列隊，等「歷史村」內工作人員前來導覽。但見工作人員也全作維多利亞女王時代裝扮，笑容可掬，分別帶領早已分組的學生們入內（每小組約有學生十名及一位家長或老師）。他們齊集「歷史村」內廣場，一位身穿灰衣裙，白圍裙，頭戴白帽的女導覽向大家宣佈行程，並著學生先將「午餐包」集中放在長椅上，再隨她依次序參觀村內各建築物。

我隨著其中一小組先參觀1848年期間由英國國防兵在Howick區及Panmure區搭建的Raupo（毛利文，意即茅草蓋搭的房子）。據說當時英兵前來紐西蘭參戰時，得到政府答應提供住宿；可是他們到達紐西蘭後卻無容身之所，只好合力搭建臨時茅屋，充當軍營暫住。導覽員並讓學生進入草寮內，實地體驗居住茅屋的苦處；再逐步向學生介紹木蓋房屋、鍊鐵廠、教堂及學校等。又帶引他們參觀汲水井，使學生

了解到當時國防兵生活的艱辛，如何珍惜用水的實況。最令學生感興趣的莫如「歷史村」內一所建於1876年的鄉村小學，他們經歷了半個小時在該小學上課的滋味，讓他們體驗一下百年多前小孩子上課的情況。導覽員解說當時的老師非常嚴厲，上課前必先檢查學生雙手是否清潔，授課時又常手持長教鞭，如有學生不守規矩便以長鞭懲罰之。學生上課沒有筆記簿，只用石板及鉛條寫字，以破布抹掉字跡……這些現代孩子無法想像的簡陋生活，都在當天「歷史村」內親身體驗到。待他們回到學校後，老師又吩咐大夥兒依當天所見所聞寫報告及繪圖，作為是次戶外學習的總結。

6.流動課室──生活教育巡遊車-Life Education Caravan

有子女就讀初中或小學的家長也許會聽過孩子談及有關「生活教育巡遊車-Life Education Caravan」的有趣情形，他們放學回來後或許會興高采烈地向家長展示一張彩色精美貼紙；那肯定是由Life Education Caravan導師所派贈的。究竟生活教育巡遊車是怎樣回事？與學校的課程又有什麼關係？本文特就個人曾參觀東區某小學的「Life Education Caravan」時所見所聞，向各家長詳作介紹。

那次我與東區某小學的一班Year 4（8-9歲）學生在他們的班主任帶領下，秩序井然登上停泊在校園停車場的活力生活教育巡遊車。等候上車之際，視線不期然為車身上的卡通彩圖所吸引。但見那裡繪畫著一隻長頸鹿的右側身影：橙黃配橙紅斑紋的長脖子上，是一只煽著長睫毛的眼睛，微微含笑的模樣兒煞是生動可愛。脖子左邊以藍底漆上白字，上書「Mobile Classroom」。右邊則在白色車身上漆著「Life

Education Centre」的紅黑兩色字體。待學生們魚貫上車後，車上導師便請最後登車的同學將車門關上，然後開始向學生們介紹「流動課室」的設施及應守規則。

　　Life Education Caravan是大部分紐西蘭學童熟悉的「流動課室」（Mobile-Classroom），車上有空調及特殊電子設施。這些電子設施給孩子們帶來了有趣生動而富教育意義的視覺及聽覺享受：包括一部高掛於左上角的電視機、一具透明的人體解剖模型：此模型大小相當於一個正常成人的身體，上有各種會亮燈的內臟器官，如大腦、肋骨、心、肺、肝、胃、大腸、小腸、腎及膀胱等等，還顯示了各種循環系統、神經系統及消化系統的運作過程，手腳上也有透明血管及紅藍色的動、靜脈等。此外，還有一具會說話的「大腦」；造型可愛、顏色鮮艷的手套布偶「哈樂（Harold）」，（也就是巡遊車上繪畫的主角——卡通長頸鹿）則是車上導師的得力助手。但見導師把「哈樂」戴在右手上，利用自己拇指及中指控制長頸鹿兩耳，指揮她做出有趣而滑稽的動作，再由導師扮演兩種不同聲音，這樣一唱一和，將流動課室內設施及上課規則詳細解釋。只見廿多名八、九歲的小學生個個屏息凝氣、鴉雀無聲留心聽講，他們聚精會神、津津有味地欣賞著導師與「哈樂」的精彩表演，十分投入。

　　突然間，流動課室內變得一片漆黑。左上角的電視螢幕上出現了一團粉紅色「物體」慢慢蠕動著，隨後，一副低沉而神祕的聲音驟然響自四面八方：「Hello, Children, have you got your brain? I'm your brain」（各位小朋友，你們有腦袋嗎？我就是你們的腦袋。）這突而其來的聲音將學生們的注意力從導師及「哈樂」的精彩表演中吸引過

去，會講話的「大腦」也開始了當天的主題「我與別人不同——I am different」。「大腦」向學生們逐一介紹人體內五臟六腑的功能及位置，而每當介紹到某器官時，那器官便會閃動著紅燈，使學生們清楚明白正在介紹該部份。學生們全神貫注，專心靜聽著「大腦」講解。我從旁觀察，學生們都興趣盎然，絕無空隙時間分心開小差或搞破壞活動。導師先前所宣佈的課室規則根本就無用武之地，大家都忙著聆聽「大腦」的講解及默記各器官位置，以便稍後參加「重排器官位置」遊戲時能派上用場。

一個半小時生動有趣的健康教育課終於接近尾聲，學生們意猶未盡，依依不捨地與會講話的「大腦」揮手道別。導師與「哈樂」又向大家宣佈餘下的廿分鐘是發問時間，各人可自由提問有關身體健康情形，及各重要器官的問題。記得當天有些小朋友曾提出：人為何會生病？為何會咳嗽？肌肉由什麼組織而成？……等問題。導師還告訴他們一些有趣而驚人的事實，例如：「一平方厘米的肌肉內含有十五萬條小血管。」、「平均每人一生有三十億次心跳。」、「每人每年約吸入5.3百萬公升空氣。」等等。接著導師又將一張印有人體模樣的地毯鋪在地上，著學生將各種器官模型安放在適當位置上，被指名玩這遊戲的學生們都十分興奮：有些卻把器官上下倒轉或安放錯位置，引得圍觀者哄堂大笑，有的則熱心加以糾正；最後每名學生在導師手上接過「哈樂」彩貼一張，帶著心滿意足的笑容離開巡遊車，隨教師回課堂去了！

參觀過如此有趣的健康教育課後，我特地向流動教室導師索取了一些有關Life Education Caravan的資料，原來「流動課室」是由泰迪

耐夫斯（Ted Noffs）先生發起的，泰迪耐夫斯（Ted Noffs）先生也是Sydney's Kings Cross的「路邊禮拜堂（Wayside Chapel）」創始者。他在經過多年協助煙酒毒品濫用者戒除惡習的工作後，發現最有效的方法是「預防勝於治療」；特別是對於那些血氣方剛的青少年，更應從日常生活中著手教育；使他們從小對煙酒、毒品有所警剔，從而認識此等物品的害處而自動遠離。

泰迪於是與若干志同道合者協力組織了「活力生活教育信託會（Life Education Trust）」，讓青少年生活得更有活力，也更健康。他們並策劃若干不同課程內容，訂定學習目標，這些課程內容迎合由小學新生一年級至初中二年級學生。每年均有不同主題，並針對各主題設計不同活動進行討論，以加深學童印象。這些課程包括：

（1）小一（Year 1）——我喜歡自己（I-like-being-me）一個小時的節目內容全是有關如何增強自尊及學習與人相處之道，並介紹日常生活的正規活動，遊戲及起居飲食的良好習慣。使小一新生認識自己，盡快脫離 以自我為中心的幼稚、無知思想。

（2）小二（Year 2）——增強活力的食物（Food-for-energy）一個小時的節目內容全是有關食物的常識，例如在食物金字塔中清楚列出何種食物對身體有益，應該多吃，何種食物有害健康，應該少吃。也告訴學童有益的食物如何幫助他們生長，保持飲食均衡的重要性等。

（3）小三（Year 3）——快樂與健康（Happy-and-healthy）一個小時的節目內容介紹自尊心的重要及如何結交朋友，為他人設想：互相分享快樂以及如何照顧自己，保持健康快樂等等方法。

（4）小四（Year 4）──我與別人不同（I'm-different）一個多小時的節目內容詳細解釋身體內部各重要器官的功能及位置，同時更指出各人都有與別人不同的性格，大家必須互相尊重，包容別人的不同膚色、性格、語言及興趣等。並使學生明白大腦是控制各人性格的重要器官，必須好好保護及利用大腦作出明智的選擇。

（5）小五（Year 5）──做我自己真好（It's-great-being-me）兩個四十五分鐘至一小時的節目內容中，強調自己與別人的不同都應受尊重。也要接受及喜歡自己，照顧自己身體，要有判斷力，不要受壞人唆擺而沉迷壞習慣，更不應吸煙喝酒及吸毒。

（6）小六（Year 6）──朋友（Friends）兩個接近一小時的節目內容中再次強調自尊、自信的重要，也提醒學童必須有毅力，意志堅定且擇善固執。更要小心選擇朋友，遠離損友多交益友；不可吸煙喝酒，以免自毀前途，遺憾終生。

（7）初中一（Form 1）──擇善固執（making-choices）兩個整一小時的節目內容中再重溫各種有益食物的重要性，如何保持健康，遠離煙酒及毒品；也不該受傳媒廣告影響而嘗試有害自身健康的毒品，朋友如有不良要求應加以拒絕，也要盡量勸戒他們改過自新，同時要意志堅定，不受別人左右而不自覺墮入壞人圈套等。

（8）初中二（Form 2）──保持均衡（keeping-balance）兩個整一小時的節目內容告訴學生如何保持均衡及中庸之道，並介紹生活中均衡的飲食習慣，定時做適量運動對健康的重要；如何消除壓力，及情緒不安等方法。引導學生訂出個人目標，常以成功

人士為榜樣，使生活更有意義，更加美好！

「流動課室」通過上述八個不同主題，以期達到下列教育目標：

（1）教導學生認識人體各不同器官的功能及作用。

（2）教導學生瞭解自己及尊重別人，明白每個人都是獨特的個體。

（3）教導學生愛護我們居住的環境，注重環保。

（4）使學生明白互相尊重，彼此信賴是健康快樂的泉源。

「生活教育」課程不但為五歲至十二歲的青少年提供了豐富及正確的健康常識，更能配合學校活動教學單元培養小一至中二學生尊人重己、自動自發的良好習慣。

「生活教育信託會」近年來已發展成一個不分宗教派別，非政治性的國際組織。灌輸適合任何種族兒童學習的健康常識，以活潑生動趣緻可愛的卡通動物長頸鹿「哈樂（Harold）」為主角，並通過專業培訓導師詳盡的解釋，使學齡兒童毫無懼性及抗拒感。可惜的是，如此有益及富教育意義的生活教育節目，至今仍未受紐西蘭政府資助，所需資源支出全賴紐西蘭各地有心人士捐款。因此，所有參與「生活教育」流動課室的學生每次均需繳交少量費用，以便學校集收後交「生活教育信託會」作為基金之用。

後記：至2014年底止，「生活教育信託會」所提供的活動課室共有四十五個，（即四十五輛生活教育巡遊車，為全國學童巡迴服務）。

7.戶外教育營

紐西蘭教育以學生為中心，崇尚自由開放政策，更重視學生獨立自主及體能訓練的戶外教育。每學年開始，趁著夏末秋初之際，各

校上至高中、下至小學紛紛安排戶外教育營進行培訓；至於初小學童（Year 1~Year 3）則因年紀尚幼（五至七歲），故只安排一晚讓其離家留宿學校，作為日後參加教育營預習，也是培養學童獨立自主第一步。直至中小（Year 4），便開始兩天一夜的戶外教育營。到了高小（Year 5-6），因學生漸趨成熟（十至十一歲），教育營時間也增至三天兩夜至五天四夜不等。

我曾參加過小兒子學校舉行的兩天一夜教育營，當家長助手而親身體驗了全程訓練，因而對于紐西蘭的戶外教育又有更深入了解。

校方於學期初選定Sonshine Ranch為戶外教育營地後，便向家長發出通告，要求填寫同意子弟參加及家長助手回條，以便統計參加之學生及家長人數；家長助力分全助及半助兩類。全助工作包括來回接送、協助營地導師安排學生分組活動、安排膳食及照顧學生安全等；半助則只負責往返交通。為親身體驗整個教育營過程，我特向上司告假兩天，並將名字列入全助名單內。

當天早上九時，四十名八至九歲學童已整裝待發齊集課室，靜聽他們班主任點名及分配到各負責交通的家長名下。小兒子同班的紐籍及韓籍同學各一被分配到我的車。兩名小子懷著興奮心情將大袋、小包行李搬上我那輛小型Honda的後廂去，三個不同國籍小傢伙便七咀八舌如小鳥出籠般，歡樂氣氛盈滿車廂；我自倒後鏡中瞥見三張眉開眼笑小臉蛋，頓時也被感染得年青許多。待十五輛家長自用車浩浩蕩蕩將四十顆快活童心護送到目的地時，已是早上九時四十五分了。

我們大小一行五十人（包括兩名女教師及八名留營家長）在四位營地男導師熱烈歡迎下，將行李搬上營地拖車。負責人Hunn又著

教師將男、女學童分批由家長帶到晚間住宿的營房去。二十名小女生及兩名女教師、四名媽媽助手被分配到山腳兩所設備簡陋的木板蓋小房子去。二十名小男生則由我及另一名媽媽和兩名爸爸助手帶到半山的「營房」去。乖乖不得了！但見兩「營房」被樹木參天的叢林密佈包圍著，只有木蓋頂部將樹木隔開，兩側再圍以木板；凌空架起高蹺，半腰再鋪上厚木板便成「營房」。木板上鋪蓋地毯，每間大約只有七、八十平方米寬大，這便是小男生及我們的營鋪。可真是與大自然打成一片！我們一聲令下，廿名小男生（包括華、韓籍各二名）便把自己睡袋打開鋪好，行李袋則往鋪底木架一塞，便算分配好當晚的「床位」。

　　接著，全體學童再齊集營地廚房。但見廚房設備也十分簡陋，四圍全以木板圍成，上半部則以半透明防火膠板圍蓋，地下鋪以水泥。內擺長木檯兩張（成T字型擺放），再配以長樹幹磨成之長板凳兩條，Hunn著學童坐好，訓以營規十五分鐘，再宣佈體能活動訓練正式開始。四十名男女學童混合分成四組，分別由四名導師帶領，分組進行下列各項活動。教師及家長也分開四組從旁協助。

　　首先是Abseiling（沿繩滑行），活動開始前，導師先選擇一處幾乎垂直的山崖，並用粗麻繩索繫緊崖上大樹幹，再替學童逐一配戴上安全盔帽，又替他們自臀部至腰部全以安全皮帶套好，腰間兩鋼環再繫於大樹幹上粗繩索，家長只負責拉動套於鋼環繩索，學童便緩緩地將身子與崖壁形成九十度直角，於峭崖上行走；由於山崖十分陡峭，行走起來十分困難。很多學童都因害怕而雙腳發抖，導師及家長便從旁打氣，不斷鼓勵以增孩子自信心，我協助的一組中約有大半學童都

在我們鼓勵下完成全程，只有兩、三名膽子較小的女生哭泣難奈，半途而廢。

午餐後稍作休息，一時正又進行另一刺激活動，那便是Flying-Fox（峽谷飛狐）。此活動於相隔約三十米的峽谷兩端分設高台木架，木架又以粗鋼繩相連，受訓學童同樣頭戴安全盔帽，半腰及臀部繫以安全皮圈套，圈套上繫鋼輪，每當家長替受訓學童將鋼輪扣上粗鋼繩後，他們便順勢滑出峽谷，直傾斜飛往另一端。每次我替學童扣上鋼輪後，目送著他滑出峽谷時，那顆起伏不定的心也隨著孩子飛離。那感受有如自己也在飛行般，十分緊張刺激。如此這般，十名男女學童來回飛滑於峽谷中大約兩三次，而我的心也劇烈地抽搐了數十下，但見「小飛狐」們個個面無懼色，頻呼刺激！我不禁暗暗佩服他們膽量與勇氣；真是初生之犢！

峽谷飛狐後，接著是Flying-Rope（空中飛索），此活動仿如泰山飛渡叢林。在營地內一棵參天古木上端，繫上粗麻繩一條，繩末鬆散有如獅子尾巴，尾巴對上有兩粗布圓環套，受訓學童爬上高架後，由導師抱其套入圓環內，雙腳緊夾繩索尾部，散開「尾巴」便往後一塞，儼如小猴子。高台上導師雙手一鬆離，「小猴子」便懸空飛出；來回飄蕩於半空中。導師再著其鬆開抓緊繩索雙手，整個人重心便全繫於圈環內；「小泰山」有的閉目「享受」空中迴蕩，有些則驚呼尖叫。圍觀學童及家長自地面齊聲打氣，安慰受驚者；一片感人撫慰聲不絕於耳；站於樹下的家長也馬上把握機會將其「尾巴」抓著，抱其落地。然而大部分「小泰山」則興奮非常，躍躍欲試再作第二次空中飛行。小兒子連試了兩次，還餘興未盡地再輪隊去。沒想到平時安靜

的他，膽子倒也不小！

　　經過兩項緊張刺激的半空飛行後，另一活動項目是將挑戰轉移到水上，那便是Canoeing（划橡皮筏）。導師先著各學童換上泳衣，再替其穿上救生背心後，再帶他們到叢林內一溪澗去，導師先行跳上一艘橡皮筏，作一次划筏示範後，便著眾學童各佔一橡皮筏，再交給每人一柄膠撐，讓孩子自己划行。大部份本地男孩可能訓練有素，早有經驗，很快便划得頭頭是道，得心應手；只有少數女生與華籍、韓籍學童卻明顯力不從心，難以應付。但見他們的橡皮筏在溪中團團轉圈，坐在筏上的他們則急得不知所措，拚命將膠撐胡亂划動；導師見狀馬上趨前指導，將他們引入正軌。各孩子如獲救星，面上肌肉也稍為放鬆！沿坐溪邊圍觀的家長們也為他們捏了一把汗。不消半句鐘，十艘橙紅色的橡皮筏已划行有序地來回飄蕩於溪澗中，襯著碧綠茂密叢林，我也匆匆將此安逸和諧美景收入鏡頭。不久一抹夕陽彩霞染遍溪澗，導師們也下令各學童划筏回岸。十名全身濕透的划筏小英雄才依依不捨，意猶未盡跳回岸上；還忙著與同伴回味！

　　黃昏時分，全體學童又齊集山頭，分組在導師指導下堆起石塊，圍成燒烤爐預備烤香腸。他們分工合作將樹枝木塊架好，再由家長代為生火，每人手持燒烤叉一枝，圍著營爐燒起香腸來。有些孩子不得其法，將香腸燒成黑炭般，再交給導師代為以方麵包裹好，灑上番茄汁，便津津有味吃起來！別小瞧這一頓簡單的燒烤晚餐，倒也教懂了學童們「自食其果」的真諦。

　　晚餐後稍為休息片刻後，導師開始與全體學童玩集體遊戲，一直到八時左右，已是伸手不見五指時分，導師突然宣佈，另一項挑戰自

信心的活動即將開始，那便是Bush-Walk（夜探叢林）。導師解釋此項活動目的在於訓練學童膽量及應付困難的能耐。他先將兩名教師及八名家長分成五組，每組負責照顧八名學童，在伸手不見五指的叢林內摸黑前進，但不許開亮隨身帶備的電筒，除非有意外發生時，不得已才由家長決定亮明。於是，成人小孩一行五十人便在荒山野嶺中摸索著一條早已繫於小徑路旁樹枝的布條，夜探叢林去。叢林內一片黑暗，只聞蟲聲唧唧；復感前路茫茫，使人頓生恐懼。加上山路崎嶇難行，啟程後不久即聞女孩哭聲四起。說實在，我當時也心裡發毛，在前路完全無法預知，一片漆黑的情形下；求生之心越切，心情也越緊張。小兒子死命地握著我的手，另一手則不斷向前摸索路傍的布條，他口中不時發出怨懟之聲，說甚麼早知如此「恐怖」，一定不來。我則趁機向他解釋此次教育營一大主要目的是要訓練他們如何克服重重困境。再安慰他說有四十九人陪伴他，無須害怕！

夜探叢林活動對于平時習慣了養尊處優的孩子而言確是一大挑戰。幸好，約經三十分鐘摸索後，全體學童都平安返回山腳。其中一名小女生因驚慌過度，哭成小淚人兒，叫人看了心疼；在多位家長及教師撫慰下，受驚小淚人兒情緒才慢慢平伏下來。

緊張刺激的黑夜探險後，全體師生及家長又齊集廚房內，靜聽營地導師訓話。導師強調當天一連串體能活動都是挑戰自信、培訓學童堅忍刻苦性格；對他們的成長極為重要，也大有幫助。然而部份學童經過整天的挑戰活動，早已疲倦得動彈不得；伏在木檯上呼呼入睡了。

一宿無話，第二天清早六時未到，早起的鳥兒便以清脆歌聲喚醒熟睡叢林內的五十人。身為家長助手的父母們又匆匆準備起早餐來，

其中兩位洋爸爸更大顯身手，煎製了五六十個煎餅（Pancake），不善廚藝的媽媽們都直嘆不如！

早餐過後，又再分組進行Horse-riding（騎馬遊山），經過前一天的驚險刺激活動，四十名男女學童又體驗起另一項令人興奮的騎馬活動。他們由導師帶領到馬棚內自行挑選心目中喜愛的小馬；再帶上盔帽。由家長協助爬上馬背後，開始繞山行走一圈；家長及教師們都跟在後面，以防萬一。山路崎嶇難行，徒步的家長及導師都氣喘如牛。但見馬背上一群小騎士洋洋得意的樣子，也分享到他的快樂！

午餐由另一批半助家長（半天）前來營地接替，協助預備。我們一班全助家長（陪夜宿營）已疲倦得無法動彈。餐後休息片刻後，又開始最後一項叫Water-Confidence（水上自信）的活動。導師著學童們換上泳衣後，請各家長助手分組帶領學童到一沼澤小湖進行各項水上障礙活動。湖面寬約十多米，其間則安裝若干障礙設備，包括：

（1）於湖面半空繫上不同高度繩索兩條，學童需腳踏下層繩，手握上層繩，由湖一端走到另一端去。若站腳不住，雙手一鬆便會半途掉進湖內。還好湖內水位只及學童半腰，並無沒頂之虞。

（2）於湖面半空每隔一米處掛上舊輪胎，全程共掛十個，學童必須由第一個爬到中間那個後再回程。做此活動時，學童必須懂得利用身體推動輪胎，否則久久也未能爬到中間去。

（3）於湖面半空中每隔半米掛一三角鋼環，學童必須懸空以左、右手交替抓住掛環。由於雙臂直舉，雙腳無支撐點，往往會因手臂酸軟而鬆開三角環；整個人便會掉進湖內。學童紛紛預測此是最容易失手的一項障礙，果真不出他們所料，到結束時，

全組幾乎無一倖免地成了落湯雞。二時正，導師下令收隊回程了，於是飽受兩天體能訓練及挑戰的學童們，依依不捨收拾行李下山去。

回程中，小兒子及其他兩名同學對那些緊張、刺激活動回味無窮！結論是：峽谷飛狐及空中飛人最令他們喜愛，而夜探叢林是最恐怖也最不喜歡的活動；他們在一番熱烈討論後都突然安靜下來。我自倒後鏡一望，卻見三個小頭顱已東歪西斜地靠著座位後背，呼呼入睡去了。也難怪，這兩天一夜的戶外露營活動也真夠累人了！

而我經過此次全程協助後，對紐西蘭的戶外教育也因有了第一手經驗而加深了體會。或許部分華人家長看了上述各種活動後，認為如此戶外課程簡直是虐待孩子。個人倒覺得。只要在安全措施完備下進行，這些活動對于訓練學童獨立及自信絕對大有俾益。特別是大多亞洲國家以填鴨式教育，只注重學業成績，缺乏體能培訓；使得孩子動手能力極差；只會飯來張口，衣來張手。相比之下，紐西蘭的戶外教育確實值得推崇！

（二）師長方面

1.學校的紀律

學校就如小社會，社會有不同法制條例規範居民遵守，學校也有其特定的制度及校規要學生依循。因此一所學校的校譽好壞肯定與該校所定下的紀律嚴鬆有直接的關係。

紐西蘭一般學校都有特定的校規及紀律，例如：

（1）課室規則

——盡你所能參與學習，對自己負責任。

——尊人重已、以禮待人，別人講話時要靜心聆聽。

——愛護校方公物，小心保管自己物品。

——養成守時習慣，依時上學，放學後馬上回家。

——維持學校良好聲譽，做個好學生，多為別人設想。

（2）操場上規則

——友愛同學及愛護操場上設備。

——遵從值日老師吩咐。

——保持地方清潔。

——在安全範圍內遊戲及玩耍。

綜觀上述規則，全屬積極鼓勵正面行為守則，絕無提及反面及消極行為。與亞洲國家一般「不准這、不得那」的校規相差甚遠。這也就是西方尊重人權、提倡正面教育的良好例證。也許有部份華人家長會認為紐西蘭學校沒有德育訓練，學生也不懂尊師重道。這也許是事實，當學生有不守上述紀律的行為發生時，校方也只能以較溫和的處罰方法對待之。通常會由輕到重依次執行：

a. 口頭上警告。

b. 書面通知家長。

c. 輕罰以執拾課室內或操場上廢紙、垃圾。

d. 暫停遊戲時間（以做其他活動代替遊玩）

e. 約見家長面談。

f. 由特殊教育服務組安排特別課程，或由專家顧問協助處理。

g. 短期停學（三天為限）由家長自行在家看管。

h. 長期停學（下令退學）。

i. 轉校（另覓適合該生的學校，如特殊行為訓練學校）。

通常在實施較嚴厲處罰前，教師一般會予犯事學生改過機會。例如制定一個獎勵方法，給學生一個記事小冊子，若一天內能遵守規則而沒犯錯，教師會給畫圈或打勾，積滿五個圈或勾，可得精美小貼紙；集齊十次小貼紙可得校長獎勵等等，這些都是以積極鼓勵取代消極懲罰方法。當然對於一些「冥頑不靈」的頑童自然就得交由校長警戒處罰了，但體罰是絕不鼓勵施行的。

2.教師的角色

學校不單是一個教學工場，而且是傳播正確價值觀和培養良好態度的地方。紐西蘭的學校自從一九八九年教育改革後，為了迎合社會新發展，一般教學法作出適當改進外，教師的角色也起了重大改變。如今教師已不再是知識傳授者、紀律維持者、以及家長學生心目中的全能智慧者。在採取活動教學法的小學課室裡，老師的角色更是多樣化，他們是教授者和輔導者，也是學生年長的夥伴；更是學生的推動者。他們既要提供輕鬆的學習環境，供給學生適當學習資源，尊重學生不同個性，也要提供直接指導；給學生適量的學習活動，替學生找出學習上困難。為達成以上多樣化角色，教師更需要是不斷進修的學

習者。毫無疑問，紐西蘭的教師要比中國傳統的「傳道、授業、解惑」者更加難為了！

以目前紐西蘭一般小學教師的日常職責而言，他除了上述的多樣化角色外，還要不斷參予進修，如：保護兒童計劃、毒品與藥物的認識，道路安全常識、電腦課程常識、環保知識、迎合天才或特殊兒童的教學法、教授母語非英語學童等課程。因此當今的教師要比從前的來得更忙，而且因採取活動教學法，他們還必須掌握及懂得控制課堂秩序的技巧，知道學生是為討論課題而發言，還是漫無目的喧鬧。在活動教學的課室中，有時候可能不知老師身處何方。他們再也不像從前一般站在教師桌與黑板中間，依書直說向全班學生注入書本上固定內容了；他可能身處其中一小組當中與學生討論問題，或在旁靜靜聆聽某一組學生的專題設計。然而無論如何，教師必須隨時留意到每組學生的動靜；懂得在適當時間中止每組學生的小組活動，再把他們集中到「基地」進行集體教學；將各組學生不明白的問題解釋清楚。

如遇到學生提出不能馬上解答的問題，他也會毫不掩飾地承認自己不懂，或因未準備好答案而致歉；並願意與學生共同尋找解決辦法。但有時候，即使他們明明知道答案也不馬上直接回答，反而向其他學生發問，引導同學主動發言，多加思考的機會；藉此故意拉近學生與教師之間關係。換言之，紐西蘭教師並不以「萬事通」自居，拚命向學生填注知識；而是以親和態度與學生保持良好關係，使學生視之為有商有量的大朋友一樣。這就是很多華人學生喜歡紐西蘭老師的一個主因，另一原因是大部份老師通常會以積極、鼓勵及欣賞的態

度對待學生，肯定他們的表現，這也就是活動教學法著重兒童身心發展，尊重個別差異所帶來的好處。然而教師的地位也因此從「有權威性」的師尊，一變而成「民主式」的學習促進者，並需隨時接受學生挑戰，今天一個有關天文地理的難題、明天一個新科技的疑問，心理壓力之大可想而知。

此外，由於紐西蘭活動教學法著重孩子全面發展，學生除了吸收正規學識外，也十分注重個人自治性的培養及體能的訓練。每學年除了運動會、越野賽及定期外出探訪動物園、毛利會堂、圖書館或消防局、警察局等地方外，幾乎每所初中及小學中、高班都會在開學之初（二、三月間）舉行戶外教育營（Education Camp）。有些初小年級的學生則被安排留宿課室一夜，稱為「Sleep Over」，藉此培養學生自治能力、獨立精神及自主性格。而身為班主任的教師們也自然得負起照顧本班學生的安全，需要由「導師」、「夥伴」及「學習推動者」的角色再加上「看護」或「護衛人員」等項責任。

戶外教育營一般維持兩夜三天，住營學生都要在該段時間內參加由教育營導師設計的體能訓練課程，有關教師及家長也必須從旁協助。因此並非一般華人家長以為的「可有可無」戶外活動，而是教育部規定的野外求生技能培訓課程。戶外教育營提供的都是一般室內無法提供的體能活動，對于只著重學科方面培訓的移民學生而言，更是意義重大，獲益匪淺。

通常這些體能訓練活動包括：Abseiling（沿繩滑行）、Flying-Fox（峽谷飛狐）、Flying-Rope（空中飛索）、Canoeing（划橡皮筏）、Bush-Walk（夜探叢林）以及Water-Confidence（水上自信）、Horse-

Riding（騎馬）及Archery（射箭）項目等，讓學生學到平時在校內無法學到的體能培訓。

至於初小學生的Sleep-Over也是教師一項很大的挑戰，對於首次離開父母獨自外宿的學童而言，真可說是「憂喜參半」。一些性格開朗外向的孩子或會因過度興奮而徹夜難眠；一些較為孤僻內向的則會因掛念親人而整夜哭鬧不安。這便苦了班主任，她們既要負起培養學生自治獨立的精神，也要鎮靜與耐心地對情緒不穩的學生進行安撫。在渡過有如「提燈女神──南丁格爾」般的「看護」之夜後，翌晨又要黎明即起，當回教師的職責。因此家長們無法不佩服紐西蘭教師的多樣化角色！有機會陪陪自家孩子到教育營或Sleep-Over，您準會體驗到此間教師的辛苦與能耐。

3.校長的工作

國家有元首，學校有校長。在紐西蘭一些較小規模的學校，如果只有一名教師的話，那麼該名教師也就是一校之長。在一般小學裡，校長通常是負責有關行政方面的工作，而且大多有助手──副校長（Deputy Principal）及助理校長（Assistant Principal）。因此這三位可說是學校裡鼎足而三的重要人物。當校長因公幹或病假離校時，副校長及助理校長便必須負起執行校政重任。

紐西蘭小學校長的工作，並非如我們所想的只是安坐辦公室內舒適的沙發椅，簽簽文件、談談電話那麼簡單。事實上，他是學校裡的創新者及改革者，而且要對校董會（BOT）負責。因此他必須對學校內的課程及學生的學習進展瞭如指掌，也要負起督導及評估校內教師

的工作；同時還要時常出席各種與學校教育有關的會議：如教育部召開的研討會、校董會以及家長會等；有些校長還兼任教學工作，他可能是代課老師，也可能是專科教師（如音樂或戲劇方面）；因為只有通過這些實際的教學工作，校長才能與校內學生保持更良好關係，也能對學生更深入了解。

校長當然也是全校教職員的合夥人，他與校內員工平起平坐，分擔雜務。我就曾親眼見過不少校長在教員室內捲起衣袖清洗杯碟，或在操場上撿拾廢紙。這種以身作則形像與大多亞洲國家的校長那種位尊權重，高高在上的姿態絕不可同日而語！

最後值得一提的是，儘管校長是如此忙碌的重要人物，然而大部份校長仍樂於接見家長，特別是關心子女學業的華人家長。因此，若有任何關於孩子學習的問題，請您隨時約見校長面談。只是請別忘記，得先與他預約時間。這是西方禮貌，千萬得注意遵守。

三、家長如何協助學校

（一）家長助手

　　紐西蘭的幼兒園及小學非常流行家長助手，也十分歡迎家長參予學校活動。

　　小兒子就讀的小學可說是個多元族裔小型社會，約有四分之一是移民學生，當中以華裔佔多數（約一百個家庭），其次是韓國裔及印度裔；也有少數來自中東國家的家庭。為了使學生對不同族裔文化有所認識，校方每學期都會定下不同主題，讓學生從中了解各種族的不同風俗習慣。

　　記得九六年二月十九日那天正值中國農曆新年初一，校方特別安排一個中國新年主題。請了幾位中、英流利的華人家長到學校去為學生介紹農曆年的傳統習慣。我是其中之一，當天早上便與十多位港、台新移民家長準備了鮮花、糖果盒、春聯、紅封包（由某銀行的亞洲客戶部贊助）及新年食品到學校去。我們輪流到各課室向學生介紹中國人過新年風俗，並教他們上下拱手，口說華、粵語恭賀詞「恭喜發財」；然後給每名學童派發紅封包（Lucky Money）一個。雖然只是象徵式的五角硬幣一個，孩子們還是珍而重之收藏起來，而且對中國人過新年也有了最基本的認識。

　　同年四月中旬，校方又安排於五月廿七到卅一日舉行「文化意

識週「文化意識周－Cultural Awareness Week」，邀請學校的移民家長協助籌劃節目。由於華人移民學生佔最多數，有關老師特別委託我安排召開華人家長會，請大家群策群力協助參予。該週內的節目包括有週一的「異國傳統故事」，週二的「民族服裝日」，週三的「探訪毛利會堂（Marae-visit）及毛利小學」，週四的「國際美術日」以及週五的「各國美食」。為此我緊急召開了兩次家長會，邀請各位家長集思廣益盡力協助。除了周二及周四外，其他三天的節目都極需大量人手籌備。例如周一的「異國傳統故事」，中國歷史淵深源長、動聽又富教育意義的故事多不勝數，我打算請英語能力較強的家長協助，分別到不同課室講述民間故事，周三要探訪位於OTARA區的DAWSON小學。因該校大多學生是毛利族裔及太平洋島裔，為了表示親善，我請華人家長安排訓練學生唱中國兒歌、跳中國民族舞，好讓對方學校師生對中國文化有點基本認識。此外更請家長協助學生製作紙扇及彩燈，送給該校師生作見面禮。至於周五主題是各國美食日，極需大量媽媽助手烹調中國傳統食品。經過兩次會議後，我們有了初步構想，基本上安排好各組人手。我與另一位香港媽媽便負責周一講述中國民間故事。當天從早上九時多到十一時挨班輪流為學生講「后羿射日」、「花木蘭代父從軍」及「司馬光破缸救友」等故事。周三的中國兒歌及舞蹈也得到兩位台灣媽媽自動請纓，在短短三週內訓練了十多名學童（大部分是本地孩子）唱華語兒歌，跳中國傳統兒童舞蹈。兩位媽媽都是經驗豐富的台灣幼稚園老師及音樂導師，在她倆悉心培訓下（每周兩個下午），華語兒歌被唱得朗朗上口，兒童舞蹈也跳得頭頭是道；至於送給Dawson小學的紙扇及彩紙燈籠最也在幾位港、

台媽媽的巧手示範下，教懂了數十名中年級的學生依時完工。最後一天的「各國美食」可說是「文化意識週」壓軸好戲，十多位精於廚藝的華人媽媽分組計劃好烹調各式中國美食，她們出錢出力花時間；慷慨地預備在當天中午給全校師生們提供一頓美味、可口的「免費午餐」。其他移民家長（如來自韓國、印度、及中東的伊拉克）也不甘後人，合作巧製了各國美食。周五中午，校長及全校師生手持空便當盒及餐具（有些本地學童更自備碗、筷），興高采烈，秩序井然地列隊到各個美食攤位前領取午餐。看他們個個吃得津津有味，忙著負責分配食物的家長們也樂得滿臉堆笑。操場上一派種族祥和，氣氛歡樂；家長們都因能為孩子學校盡點心力而笑逐顏開。

（二）家長教師協會（P.T.A）成員

由於工作關係，經常要跟華人家長接觸。曾與幾位家長聊天，談起她們子女的學校經常要學生推銷巧克力、餅乾、薄餅或麵包等食物，有時是彩券或抽獎券等等，總之名堂多多。言下之意認為孩子到學校為唸書，並非學做買賣。因此最初幾次家長都會自掏腰包給子女買下，而有工作的父母還會盡心盡力向同事、工友推銷。然而後來次數多了，名堂不能盡錄，自己吃不消，也再不好意思向別人勸買；就索性不讓子女參予推銷工作。以上情形相信很多移民家長都經歷過，原因是紐西蘭學校與我們原居地學校的管理法大不相同之故。

紐西蘭教育部不直接管理學校行政，政府只提供校舍及支付教職員薪金，其他大部份經費得由學校自行籌措；因此各公立學校都自我

組織「托管理事會——Board-of-Trustees」（簡稱B.O.T.）及「家長教師協會——Parent-Teacher-Association」（簡稱P.T.A）。為了替學校籌備經費，P.T.A便需經常挖空心思安排各項籌款活動，比如設計各式各樣精美賀卡、小工藝品或與某些食品公司合作推銷，每年有數次請學生推銷糖果餅食或賣物會抽獎券、拖車彩券等等；以達到「取之社區，用之學校」目的。

為讓華人移民家長對P.T.A有更深入了解，本節特別介紹有關學校與家庭的橋樑，也就是家長教師協會的一般情形。

目前，一般紐西蘭學校大多有P.T.A組織，成員多少則視學校學生人數多寡而略有不同，通常都不少於十名。這些成員都是由學生家長義務擔任，他們都抱著同一目標，關心子女教育與學校合作，以達利人益己目的。

P.T.A成員既無受薪亦無津貼（與B.O.T成員有車馬費津貼不同），每月在學校開會一次，主要商討學校行政籌款活動，修改校規或增加校舍設備等。其中尤以長期籌措經費最為重要。

P.T.A.主要成員包括：

1. 會長——由各成員選出有領導才能，做事認真而有責任感，有決策力及能與各成員融洽相處的家長擔任。

2. 副會長——協助會長達成各項任務，亦是會長最佳助手，當會長不克執行任務時，副會長必須負起全責主持大局；因此責任也頗吃重。

3. 秘書——負責備忘及通訊工作，每次會議均須出席，主要任務是記錄會議要點，內容必須力求精確，大公無私（對於提議者

與附議者要一視同仁），會議後並應盡快將全部內容清楚記錄，分發副本與各會員；也負責通知會員出席每次會議，與會長及副會長鼎足而三。

4. 財務——負責會內一切收支的瑣碎項目，每項收入與支出均應清楚紀錄在案，以便每次開會時向會員詳細報告；對於會內一切開支必須與會長及副會長聯名簽署，以示公正無私。

5. 教師代表——顧名思義「家長教師協會」必須由家長與教師組成，因此除了上述各家長外，自然也應由校方所有教師派出一位代表成為P.T.A.成員。該名教師代表每次開會時必須向各家長彙報教學進展、學生特殊情況、教職員工作報告等。

6. 其他成員——凡關心子女教育的家長均可成為P.T.A.成員。分擔會務，集思廣益，共同為子女學校謀福利。

至於「紐西蘭家長教師協會New-Zealand-Parent-Teachers-Association」（簡稱NZPTA）則是每所學校P.T.A.總會，全國共分六個地區，包括：

（1）Auckland（奧克蘭）（2）Hamilton（漢美頓）（3）Taranaki（塔拉那基）（4）Wellington（威靈頓）（5）Canterbury（坎達貝利）（6）Dunedin（但尼丁）等。以上各區設有若干聯合總會，選出兩名成員參選會長，同時制定全國通用聯合章程，共同遵守。全國執委每年開會三次，定期提交意見書與教育部、學校校董會、教師公會、教育審查會及校長協會等部門，以達到改善及推行各學校政務目的。

此外，NZPTA也定期出版刊物，名為Parent-and-School（家長與

學校），此刊物每月出版一次，免費派送各學校，歡迎各家長向校方借閱，以對該協會有更深入了解。

　　各華人家長謹記「入鄉隨俗」，多協助P.T.A.籌款活動，也讓子女多參予籌款推銷。別老替子女購買或推銷，要鼓勵子女向鄰居或朋友「勸買」。一來可多練習英語，二來也使他們對學校有歸屬感。當他們辛辛苦苦推銷成功後，那種成就感會比家長替他們「一手包辦」得回來的款項更有意思。何況這也是人際溝通教育的一部分，應鼓勵子女多多參與學習。

（三）校董會（B.O.T.）成員

　　B.O.T是Board-of-Trustees縮寫，中文意譯是「托管理事會」，是紐西蘭一般學校常見組織；也可稱為「校董會」。這裡的校董會跟我們原居地的校董會不大相同，因紐西蘭教育部不直接管理學校，故各學校的行政方式便全由B.O.T.決定；校董會的責任及權力極為重大。

　　B.O.T有管理及發展學校行政責任，同時亦要隨時實行及查察學校執照章程等工作。

　　一般學校的B.O.T.成員的工作是根據其執照章程而分配，通常可分下列各項：

　　──制定政策

　　──公關顧問（聯絡社區）

　　──人事部

　　──財政管理

——產業管理（包括一切體育用品及資源）

——策劃及聯絡工作

通常每間學校的B.O.T.都由六至七位家長代表（視該校學生人數而定，如學生人數多，B.O.T.成員也相應增加），再加一位教師代表以及該校校長組成。

家長一旦成為B.O.T.成員後，將會不時獲得指導及培訓，並有車馬費津貼補助。各成員互相分擔責任，各盡所能同心協力，使B.O.T.運作更順利、成功。

至於B.O.T.成員的資格亦有嚴格規定。根據一九八三年教育條例第一零三項列明，下列人士不得參選B.O.T.。

——未滿十八歲人士

——精神錯亂者

——曾犯過罪行者

——破產者

——非紐西蘭公民

此外，因B.O.T.開會全以英語對話，參選成員必須有相當英語能力，而且要能熟悉開會程序，有信心發表個人意見，有堅定立場，兼備「對人不對事」開明態度，否則在勢孤力弱情形下，可能成了「Yes-Man」。

華人家長有意參選B.O.T.者，最好有兩、三位共同進退，集思廣益才能在B.O.T.發揮作用。

四、家長如何在家協助子女

（一）家課問題

由於近年移居紐西蘭的華人，不論是商業投資或是技術移民，大多是三、四十歲的青壯年人士；且會有適齡就學子女。他們之所以甘願放棄在原居地生意或高薪職位而移民，大都是為子女教育前途而未雨綢繆。換言之，多數華人移居紐西蘭主要目的都希望子女能有更安定而較佳學習環境。然而當他們眼看子女在紐西蘭的教育體系中，毫無考試壓力，每天都輕鬆自在，尤其是小學生功課更是少之又少，有些甚至完全沒有作業，心中不禁乾著急；總認為子女家課太少。記得有位校長對我說：有一位香港來的新移民爸爸向他要求，希望教師對孩子多施一點「壓力」。那位爸爸說他每天從他那名剛升上初中的兒子書包內找到的不是球鞋一對，就是泳褲一條。問他家課何在時，兒子總回答說已在學校完成了，並已經交給老師。但那位爸爸卻從未見過兒子作業發回家，因而一直懷疑兒子在學校裡究竟學了些什麼？他建議教師應多給孩子施壓，多佈置點家課。

然而那位校長給他的答案是，如果教師沒有特別約見家長，那就是好消息，也就是說他孩子在學校學習情形「正常」，並無值得擔心的地方。至於要求教師多給學生佈置家課的問題，那校長卻笑言道：這樣會把其他本地學生給嚇跑掉！

紐西蘭的學生都習慣了不做太多功課，我們應知道這裡的教育與亞洲國家不同之處就是不希望學生變成做功課「機器」，也不想把孩子變成「鴨子」，死命往他們腦袋塞知識；而是通過各種各樣活動，讓孩子在毫無壓力下自動自發地學習。站在教育理論上而言，這是「正常」而「理想」的教法，可惜大部分亞洲國家都因學院間競爭激烈，學位僧多粥少，被迫形成「不正常」的教育制度；把學生變成只會背書及做功課的「機械人」，而且缺乏創作性的思考能力。加上長期專注於學科方面的培訓，體能活動也就較少參予。

紐西蘭教育制度偏向於全面，充分提供也注重學生體能方面的訓練機會。例如從小學到中學的戶外教育營，每學期必有的田徑運動，出外參觀及游泳課等，都有均衡分配。難怪華人移民學生大都喜歡上學，皆因「功課少，活動多」，不像在老家般每天有做不完的功課。

事實上很多學校老師都有佈置家課給學生，只是形式與我們老家不同而已。老師通常會讓低班學生每天帶一本故事書回家閱讀，然後請父母在閱讀卡上簽名；以證明他已讀過該本書。又或是訂出一個專題（通常會配合學校教學單元）讓高班學生自行蒐集資料，以不同形式進行調查，或從參考書、或從人物訪問、或從統計圖表繪製等等，並不局限于寫與讀。有些華人家長對此不理解或不習慣，認為子女放學後老在繪圖或電腦前，或上圖書館……其實他們正在用心蒐集資料、做作業。因此各位華人家長無須太擔憂，應入鄉隨俗，這裡學校制度與我們老家不同，家長必須盡量配合，對子女加以支持與鼓勵（例如在閱讀卡上簽名，開車送子女到附近圖書館找資料等）。這樣才能達到家庭與學校合作目的。

（二）家課意義與份量

在大部分本地老師及家長心目中，家課對孩子的學習似無大作用，只要他們能掌握到確實知識，家課多少無關重要。然而在某些家長眼中（尤其是華人家長），家課則被視為是教育上的「聖杯」，也是孩子學習過程中重要一環。由於這兩種極端觀點，家課於是成了爭論不下的問題。那些持後者觀點的家長認為學校的聲譽及教師的優劣正好與家課的多寡成正，有些甚至因為不滿教師佈置的家課太少，或完全沒有家課而讓子女轉校。

就個人經驗所得，通常在華人家長會上最令父母關注的問題就是：「可否給孩子佈置多些家課？」或「我們很少見孩子做家課！」部份家長還經常因子女沒有家課而懷疑他究竟在學校學了些甚麼？為針對此問題，我特別請教若干小學與初中的校長及教師，就他們的不同觀點而得出以下意見供家長參考。

1.家課的意義

家課其實只是學生在學習過程中的一種副產品，目的在於強化及鞏固學生在課堂上所學；同時可讓家長明白子女在學校的學習內容及進展；但實際上並無大意義。甚至從壞處著眼，強迫性的機械式抄寫或份量太多的家課反會造成學生與教師間、家長與子女間以及學校與家庭間的緊張關係；可以肯定的是，大多學生都會感到壓力而不願意做家課。這點可從很多亞裔移民學生在原居地時常因欠交功課，而

與教師、家長形成惡劣關係得以證明。事實上，很多亞裔家長也有過因督促子女做功課，使親子關係惡化的痛苦經驗；有些甚至因子女功課過多過深而抱怨教育制度不完善。究其原因，是中西教育觀點不盡相同，亞洲國家重視教育而形成競爭劇烈的惡性循環結果。中國人傳統思想總認為「萬般皆下品，唯有讀書高」，孩子考不到好成績便進不了好學校，進不了好學校便等於沒有前途；如此這般壓力下，繁重的家課便成了家長認為是子女獲取優良成績的保證。當孩子們由原居地那種令人透不過氣的填鴨式制度，轉換到紐西蘭這著重培養研究與獨立思考，尊重個別差異及個性發展的開放式教育制度後，都如釋重負，盡情享受輕鬆學校生活。只是家長們卻在乾著急，生怕子女學習太輕鬆，或疏於溫習致使成績落後於人。天下父母心，大部分家長望子成龍，望女成鳳的心理自不難理解。據本地學校部分師長們表示，他們並不反對給學生佈置家課，只是認為一些無意義而未經悉心安排的家課實在是聊勝於無。因此大多教師不會給學生佈置那些機械式重複抄寫的家課，而是給學生多思考、研究及蒐集資料方面的專題設計。這些家課因為沒有同一模式及統一答案，也可減少學生互相抄襲之弊病。這樣的家課，其真正意義是訓練學生自動自發地學習，培養學生獨立思考及分析能力；至於所得的答案是否正確無誤反而無關重要。這也就是中、西教育人士對於家課意義的不同觀點。孰優孰劣，甚難定奪。只是在西方教育制度下成長的學生中，也不乏偉大成功人士，而在亞洲國家高度競爭學制下，學生也不見得就能個個成績美滿。

2.家課的份量

根據紐西蘭一般國立小學校長及教師們的意見，大多認為家課的份量必須與學生的年齡及班級成正比，並循序漸進地增加。

小學低年級（year 1）──原則上不應給正式家課，教師可佈置一些非強制的學習活動，如訪問家庭成員，蒐集配合學習單元的資料及每天閱讀10~15分鐘的故事書或兒歌便是足夠家課。

中小年級（year 2－year 3）不應佈置強制性家課，但設計一些與日間所學的單元有關的活動，如製作統計圖蒐集資料，或與家人談及日間所學內容及個人感受等；同時閱讀圖書及拼讀5~10個生字表也是適當家課。

高小年級（year 4－year 6）教師可開始佈置正式家課，如拼讀日間所學單字、生字及詞彙表，蒐集有關資料：剪存報章雜誌上的新聞或與學習單元有關的文章。基本數學及較多閱讀，加上每天有約20-30分鐘默讀，便是高年級小學生適當家課，也可為他們升上初中先作準備。

初中（year 7－year 8）每周有固定家課、內容與該周學習內容有直接關連。通常教師會要求學生用自己文字描述學習該單元及個人對該單元內容的感受及看法，然後根據單元內容繪製圖表、設計海報，也有數學及動腦筋題目等。因此往往在學一個單元時，已涉及語文、科學、數學、美勞等各科。而這些家課的答案也無一固定模式，學生能盡量發揮其獨特思考力及分析與設計能力。比起一般機械式的重複抄寫有意義，也實際得多；同時還可為學生奠下高中及大學的自動自發學習基礎。

（三）家長如何協助子女完成家課

　　家長都希望子女能好好掌握老師所教，並依時完成教師所佈置家課。有些華人家長認為孩子上課學了什麼，我們無法知曉，又沒有課本可尋，如何協助子女呢？也有家長會托詞自己英文程度太差，幫不了孩子忙，其實這些都不重要，最重要的是家長在精神上支持，以下是由本地部份校長及教師所提供的意見：

1. 為子女營造一個安靜固定的學習環境：當他們做家課時，請暫時將電視或收音機、唱機等關掉，以免孩子分心；因為在嘈雜環境下很難集中精神專心學習，同時最好給他固定的房間溫習及做家課。

2. 規限子女在指定時間內完成功課：孩子在學校經過六、七個小時的學習，極需放鬆神經；給大腦及身心一個充分休息的時間。故最適當做家課的時間應是在放學後回家用過下午茶點，再讓孩子做些他最喜愛的自由活動（如看電視或玩遊戲等），等一個小時後才開始做。事先聲明做家課時間一到，便必須關掉電視或停止遊戲，等完成作業後才再重新開始自由活動。同時謹記言出必行，嚴格遵守；家長更需言而有信，有始有終給孩子建立起威信。並以功課做得整齊詳盡，自由活動時間也越長為獎勵，免得孩子為趕快「交差」而馬虎了事。

3. 切記勿替子女做家課，尤其是那些需要蒐集資料或統計的專題設計。原因是這些作業主要目的在於訓練孩子的分析能力、判

斷能力及發揮想像力，盡管他做得不太理想也沒關係，只要是他自己所做的便可以。這些專題設計的功課根本無固定模式的答案，只要是他本人盡力而為，親身體驗而完成便目的已達。老師要求的也並不一定十全十美的功課，相反的未盡完善的功課更能令教師了解到學生實在能力。換言之，這裡教師認為功課並不一定要做足一百分；同時也容許孩子從犯錯中學習，從而增強他們的自信心和責任感。

4. 假如孩子投訴功課太難時，家長正確的做法是到學校向老師反映或協助他正確的蒐集資料方法，例如開車送他到圖書館，教他利用電腦找出適當參考書。電腦知識有限的家長應鼓勵孩子自己向圖書館工作人員求助，通常孩子在得到適當指導後；都會自行解決難題。當他們的難題迎刃而解後所得到的滿足感及成功感更是增強他學習新知識的原動力，也遠比家長替他完成的來得更有意義！

5. 當孩子遇到難題時，應鼓勵他自己解決，避免以責難態度及譏諷口吻批評他，因為批判式及責備的語氣最難令人接受。很多教師更認為英語非母語的家長應經常以母語與子女溝通及解釋家課難題，這樣使孩子對問題能更深入了解；當他們有明確的母語知識後，才能更好地掌握英語。因此英語能力有限的家長絕對可用母語為孩子解釋；而英語能力強的家長也應鼓勵學生先用母語思考，再以英語寫作。

6. 陪伴子女作家課：當孩子在做家課時，家長最好也在旁陪伴，做些靜態的工作（如打毛衣，看書、寫信等）。一來，使孩子

有安全感（尤其是低年級的孩子），二來也可以在孩子有疑問時得到指導。三來使家長對孩子日間所學有所了解，更能促進親子之間感情。一舉數得！

7. 發覺孩子對功課的確漫無頭緒，一籌莫展時，必須與他班主任聯繫，並要求對他作出適當幫助。一般華人學生如因語言障礙及英語能力不足，最好能找家庭老師輔導；加強英文程度後，情形便會改善。但切記要告訴孩子，家庭老師不是他的「功課助手」，以免養成孩子依賴性。

最後，請家長緊記別太擔心孩子的家課問題，以免加深孩子心理壓力；更別要求家課過於完美，這裡沒有我們原居地的學院派競爭，也沒有分數高低的分別，只要是孩子自己的心思所完成的作業便值得讚賞。對孩子的要求不應過高，也不可過低；尊重及接納孩子能力及個別差異最重要，也是正確態度！

（四）親子協讀

中國人常說「開卷有益」，又說「書中自有黃金屋；書中自有顏如玉」。這都說明閱讀書籍的好處。而事實上，閱讀在小孩子學習過程中也確實扮演著極為重要的角色。

紐西蘭的小學裡，閱讀是每名學生不可缺少的功課之一。中年級以上學生，每天在學校裡都會有半小時的SSR（Silent Sustain-Reading）——持續默讀時間。對於年紀較小的低年級學生，學校也安排有「親子協讀——Reading Partnership」計劃，並為家長提供在家

裡協助子女閱讀的步驟。

有些家長經常抱怨說自己孩子不喜歡唸書，一看見書本便哭喪著臉，其實個中原因大多是家長指導不得其法。有些媽媽嘴裡老嘮叨著：「快唸書！怎麼不唸給我聽？大聲一點啊……」自己卻坐在電視機旁欣賞長篇連續電視劇、或是圍著四方城劈劈啪啪打麻將。試問如此環境如何能引起孩子的唸書興趣呢？事實上，良好的閱讀習慣應從小培養，而家長也應該時常從旁加以協助，方能收事半功倍之效。

「親子協讀」計劃向家長提供了以下步驟，以達到培養子女閱讀的興趣，增加親子間感情之效。方法如下：

1. 營造一個舒服自在的環境使親子間都在心情愉快情境下，親密地坐在一起閱讀。年紀較小的子女大都喜歡坐在父母親大腿上，較年長的子女則可依偎在父母身旁坐。

2. 由子女自己挑選一本有興趣閱讀的圖書後，父母親可向他解釋一本書的構造：封面、書名、插圖、作者姓名等；然後試請子女預測書中故事內容。（即使是英文圖書，家長也可以讓子女用母語講出故事內容）。

3. 家長可用母語將故事講解一遍，再著子女認識那些重要、經常出現的主要字彙，以加深其印象。

4. 家長如懂英語，可用英語唸出全書，然後著子女跟著唸。當子女自己唸時家長緊記要實行「三P政策」（Patient, Praise, Pause——即「耐心」聽、在適當時機加以「稱讚」及容許孩子稍作「停頓」並思考。）

5. 如子女遇到不懂唸生字時應鼓勵他自己試拼讀字音，並鼓勵他

不要怕讀錯，換言之，訓練子女要自己嘗試及不怕唸錯的勇氣。

6. 子女唸書時，如有唸錯也請別馬上叫停，家長可靜靜拿出筆記下他唸錯的字；直至全書唸完後才加以指正。以免打斷孩子一氣呵成的閱讀興緻。

7. 當子女唸完全書後，儘管只是差強人意，家長也得作適當稱讚，例如說：「好，唸得還不錯，但是如果你能把生字再熟讀幾次，那就會更好了！」

　　讚美的話總是受用的，孩子聽了父母的稱讚，心裡總會覺得高興，求勝之心也因此而被激發；自信心也會增強。這點華人家長請緊記，別太吝嗇對子女做出適度表揚。

8. 家長要是覺得子女單獨唸時還不夠自信心，那就得再作一次範讀，並請孩子跟著家長唸；這樣一兩次後情形定會改善。

9. 最後家長可與孩子一起唸，或一人唸一句，以增加閱讀樂趣。也可玩角色扮演遊戲，親子分別飾演不同人物對話。家長如能固定每天花半小時與年幼子女一起閱讀圖書（中、英文都行），那麼，孩子從小便養成良好閱讀習慣，也會覺得閱讀是親子之間增進感情的最好機會。這樣只要持之以恆，一年半載後，待孩子閱讀興趣及能力已培養起來，便能順利在學校進行S.S.R.持續默讀了。

陪子女在家閱讀的簡單方法：

——選擇一個適合你們的時間。

——如有可能，盡量安排同一成人陪伴孩子閱讀。

——閱讀時間不必長，但過程必須有趣。

——開始閱讀時，可先用母語與孩子談及書本內容，閱讀後也可讓孩子以母語表達及分享個人讀後感。

——可將自己過往的閱讀經驗告訴孩子。

——分享你剛與孩子讀過的那本書的意見及感想。

——鼓勵孩子多發表意見，例如：

——可談及書中的插圖內容。

——也可談及書名。

——更可預測故事的發展。

——向孩子提問有關書中的問題，這樣可讓孩子多參與發表自己感想，但切記不要用問答比賽的形式，免得孩子出錯而萌生挫折感。

——多讚美及鼓勵孩子。

——若孩子讀錯字時，要重覆加以更正讀音，但不要讓孩子覺得難受，例如你可範讀一次，再和孩子一起唸，然後由孩子自己唸。

——最重要的是和孩子多交談及分享感受，使他們慢慢愛上閱讀。

——使孩子覺得跟你閱讀是一種享受和樂趣。

（五）培養子女成為雙語人

某次在一個華人家長座談會上，一位憂心忡忡的台灣媽媽說她的孩子來了紐西蘭後，英文倒學不好，廣東話卻進步神速；因為他每天小息都跟華人同學聚在一起，同學中有些來自台灣，有些來自香港，雖然南腔北調，倒也很快便互相學習起對方語言來。結果，台灣的小朋友把廣東話說得挺流俐；香港來的同學也聽懂了不少普通話，但是

他們就是不愛用英語溝通。因此那位媽媽希望校方規定華人學生在小息或午餐時，一定要與本地同學以英語溝通。這建議馬上得到在座出席者的反應，部份家長也有同感，多認為孩子來到紐西蘭這英語系國家，就應學習英語。然而老師卻對以上問題作出如此回應：

她認為母語非英語的學生在一天的上課時間中已聽了五、六小時英語，上小組學習時也以英語表達，那麼小息或午餐時間實在需要使用他們最感舒服自在的母語。換言之，在十多廿分鐘的小息時間中給他們講母語、聽母語才是孩子舒緩緊張腦筋的好機會。如果校方再硬性規定他們使用英語與本地同學交談，可能會再增加他們的學習壓力及腦筋負荷。因而那位老師認為硬性強迫華人學生在小息時以英語會話，絕對不是個好主意。

對於上述的語言問題，我個人倒有這樣的看法，父母應鼓勵子女在學校裡盡量以英語與同學溝通，但這必須在他們的英語有相當的聽、講能力後才行，否則孩子會覺得講英語「力不從心」或口音「與眾不同」而不願意開口；要是在他們還未進入「狀態」時，教師或家長硬強迫他們講英語，可能會造成反效果，導致自卑或失去自信心。因此多給他們一點學習詞彙與觀察聆聽機會，到他積聚到某一程度後，終有一天，突然講出一口道地的本地口音英語時，準會給家長一個驚喜！

對於那位台灣媽媽的擔憂，我非常理解，也十分同情，但是我們絕不能要求老師硬性規定華人孩子一定要在小息或午餐時以英語與其他同學溝通，這裡的老師絕對尊重學生意願，不能連在小息及午餐時也要『強迫』學生學習；因而這責任也就自然落在家長身上。身為家

長的只能以苦口婆心勸解法，鼓勵孩子在學校應盡量講英語，母語則留待回家才講；這樣給他們一個清楚界限，孩子也較容易接受。我絕不同意部分家長嚴禁孩子講母語的方法，要是在孩子們年幼時，不鼓勵他講母語，將來到他長大後，您再要跟他以母語溝通，恐怕他也會以英語回答您；到時您倒真是悔之已晚了！因此家長應鼓勵孩子在家講母語，回學校盡量要講英語，尤其是有本地同學在場時，跟華人同學也最好以英語對話，免得本地同學聽不懂，不明所以而增加隔閡或造成種族歧視的事端，那可就糟糕了！

（六）培養子女成為雙語人的方法

「一隻花貓經常因為捉不到老鼠而苦惱，有一天，牠看見一隻大老鼠正倉惶地溜進鼠穴，於是不動聲息地苦候洞外，靜待良機要把老鼠捉住。不久，藏身洞穴的老鼠聽不到花貓有任何動靜，卻聽到幾聲劇烈的狗吠聲；牠心中正感疑惑，便往洞外探頭打聽；冷不防卻一把給花貓逮個正著。老鼠驚惶受死前，不禁哭喪著臉反問花貓說：「剛才劇烈的狗吠聲沒把你嚇跑嗎？」

花貓得意洋洋地回答道：「這屋裡根本就沒有狗兒！」老鼠不解地再問：「那剛才聽到的不是狗吠聲嗎？」花貓笑道：「我的朋友，在現今環境下，若不懂得最少兩種叫聲，我將無以為生啊！」

上述一則現代寓言故事，明顯反映出要在一個多元文化社會生存，懂得多種語言是必要的。也因此，奉勸華人家長必須培訓自己子女成為多語人，至少也要是雙語人。的確，在英語系國家中長大的華

裔孩子，要保持本身文化誠非易事，然而只要家長指導有方，鼓勵得法，肯定能達到目的。

培養兒童成為雙語人的主要方法有三：

1. 父母各用一種語言與兒童交談，這是「一人一語言」的方法。

2. 在家時，父母或其他家庭成員只以一種語言／母語與兒童交談，英語只在家庭以外使用。

3. 父母雙方操不同語言時，可分別用雙語與兒童交談，比如爸爸講粵語、媽媽講普通話。但是採用上述方法時要注意，不要讓兒童混淆兩種不同語言，以免他思維混亂。

三種方法中以採用第一種的「一人一語言」方法為最佳，久而久之兒童會習慣跟不同人講不同語言，這樣他便能更易掌握好兩種不同語言。

採用第二種方法是先培養好兒童的母語能力，則他的母語能力強時，學習英語也較容易掌握，且較少發生困難。

第三種是在家採用兩種以上的語言，兒童往往難于分辨用何種語言，也較易混淆思維，因此並不是最好方法。

常聽一些心情矛盾的華人家長說：移居到紐西蘭後，起初是擔心子女英語能力不行，生怕他們趕不上本地學校進度，因此都急著為孩子「補」英語，盡量營造多講英語的機會；平時更常以英語與子女交談。講母語的機會便相應減少，一心期望子女能講得一口流利英語便于願足矣。可是久而久之，子女習慣了講英語，母語竟給忘得一乾二淨，又使他們乾著急。一些年紀較輕的小朋友，移居國外一年半載後就完全學會了本地口音；父母竟還沾沾自喜，暗暗稱讚子女的英語進

步神速，殊不知他已經逐漸丟棄或喪失了中華文化寶藏。有些父母想再讓子女學母語時，子女卻因習慣了講英語而對五千多年淵深源長的中華文化望而生畏，提不起興趣去學了！結果親子之間便常因保持母語、學習中文而意見不合；子女會說「學習中文對我沒有用處，我們學校的老師都不講中文，同學也會笑我講中文……」父母卻認為「中文是我們母語，不懂不行……」於是雙方各持己見，弄成僵局。那些內向孩子為了服從父母，十萬個不願意去學習中文，內心卻對父母的壓力及不協調教法非常反感；但又不便宣洩，因而形成心理不平衡，這對他們的成長造成極大傷害。

因此，華人家長最好在子女年幼時培養他成為雙語人，才不致長大後變成外黃內白的「香蕉人」，也可減少親子間的衝突與誤解！

五、紐西蘭學制概況

紐西蘭實行強制教育，兒童從六歲生日開始到十六歲生日為止，都必須入學。有些孩子在五歲生日後，就開始讀小學。免費教育一般到十九歲為止，特殊教育學生則延至二十一歲。

學校制度：強制義務教育，分小學／初中及高中

學校	學童年齡	班級
小學	5-10歲	0-6年級
初中（或稱高小）	11-12歲	7-8年級
高中	13-19歲	9-13年級

一般學校都依照孩子年齡而編班，但也會考慮到學生的能力。這樣可保證他們與同齡的同學或朋友同班。然而，那些在未來紐西蘭之前錯過入學機會，或來到後才開始學習英語的學生，編班時卻會有例外。

學校如何運作

紐西蘭的每所學校都由校董會義務管理。校董會成員是由家長投票選出代表；加上該校校長、一位教師代表、如果是高中學校，則需加上一位九年級以上的學生代表所組成。

校長

校長每天負責處理學校行政及日常活動，校政及活動均由校董會制定。

家長及監護人的義務與權力

家長及監護人都有機會參與子女的教育，他們可以參加校董會（BOT）成員選舉、加入家長及教師協會（PTA）、或到學校協助安排活動等義務工作。同時，他們也有權定時獲得子女在學校的成績報告。

出席

根據紐西蘭法律規定，凡年齡界乎六至十六歲兒童，都必須在學校開放時間內上學。

家長若不遵照此規定，則有可能受政府起訴或控告。兒童如因故無法上課，家長必須及時通知校方，如給班主任寫請假便條；或直接致電給學校辦公室請假。假如兒童因病需要看醫生，家長可向學校請病假；也有權要求校方豁免子女接受宗教或性教育等課程。

學費

國立學校一般不收取學費，但為了提供學校的必要服務，校方會要求家長作自願性捐款（Donation）。假如家長接到捐款通知書後，因經濟困難，可致電約見校長並解釋自己困境，取得豁免捐款。

處理困難

家長若對於子女的學校教育有任何顧慮，應立即約見孩子班主任或校長討論、解決；要是家長想投訴校方，必須先諮詢校長，以便瞭解校方對該項投訴的常規做法。家長如因語言能力或溝通困難，也可要求親友陪同出席有關會議。

學生的責任

學校制服：學生在一所規定必須穿制服上課的學校就讀，每天必須穿上指定制服。否則，學生有權選擇穿便服上課。

校規：紐西蘭教育條例規定，教職員不能體罰學生，不論是以棍、棒打，或掌摑等任何方式，都是傷害兒童的違法行為。

校董會有權制定處罰方式，如勒令停止犯事學生上課、增多家庭作業、或放學後留堂等。任何方式的課後留堂，校方都必須事先通知家長。

假如學生犯上嚴重過失，尤其是出現妨害及威脅其他學生安全的行為時，校方有權勒令該生停學一段時間。學校必須遵照正式程式實行停學處分，並給家長提供程式詳情；有關詳細資料可查覽紐西蘭教育部網頁。http://www.minedu.govt.nz/

家庭作業：每所學校都有自訂家課政策，規定學生應完成的家庭作業份量及形式；所有學生必需完成校方指定的家課。

學期及假期

學生每年有六週暑假及三次期中休假（TEAM BREAK），每次兩週。

學期：第一學期　　一月底到四月中

　　　第二學期　　四月底到七月初

　　　第三學期　　七月中到九月底

　　　第四學期　　十月中到十二月中（高中則到十二月初）

家長如何在家協助孩子學習

為了支援孩子達成教育目的，家長必須為他們營造一個有助學習的良好家庭環境。下面列舉一些可行方法：

——經常檢閱及談論孩子所學課程，關心他們的功課，並對此表示興趣。

——給他們規定一個作家庭作業的時間表。

——當孩子做家庭作業時，務必關掉電視機、電腦、手機遊戲等。

——孩子閱讀時，請留心傾聽並加以適當指導及讚賞。

紐西蘭的學校以點數（DECILE）分等級

紐西蘭的學校以點數（DECILE）分等級。然而家長必須知道，點數等級（DECILE）的高低與學校的好壞並無直接關系，而是與該校學生的社會經濟程度有關。舉例說：被評為點數一級（DECILE 1）的學校，顯示該校有10%學生是來自社會經濟程度極差的家庭。

為了照顧此等學生，教育部將會撥出較多資金補助給該學校。

評定點數（DECILE）的方法，則以下列各項目作為評定標準：

（1）學生家庭收入

（2）學生家長職業

（3）學生家庭居住人數及房間密度

（4）學生家長教育程度

（5）在最近一年內家長有否領取過社會福利金

（6）每年七月期間，在該校就讀的毛利裔及太平洋島裔學生之百分比

除考慮上述六項所得點數外，學校所提供的人口普查資料也包括在評估之列。此外，再參考其他學校的各項標準而進行評比等級。教育部把全國學校分為十個等級，稱之為點數等級（DECILE）。

紐西蘭施行免費教育，學生無需交付學費，家長每年只繳付校董會所制定的捐獻數目（CONTRIBUTION / DONATION）便行。至於家庭條件差的學生，家長可申請豁免繳付。此外，每年家長及教師協會（PARENT & TEACHER ASSOCIATION）籌款所得，也用作維持學校運作及設施等支出。比如，被評為等級十（DECILE 10）的學校，表示該校學生家庭環境比較富裕，家長自行捐獻的款項也較多，而得到教育部的資助則相對較少。

教育部重視特殊教育

紐西蘭教育部為配合身體或智力有缺憾的學生接受正常學業，特別設有特殊教育部門，聘請專業人員協助此等學生。

依照紐西蘭教育部規定，特殊教育專門協助下列學生並提供服

務。這些學生包括：

——身體殘疾影響以致行動不便者

——感官／器官有障礙而導致失明、失聰或失語的殘疾者，器官或肢體損傷而造成永久失效，無法發揮正常作用；如近視、斜視、色盲、腦部癱瘓、心臟有問題、蒙古症、裂脊柱症等低智商者（一般智商只70）。（自行測試智商，可瀏覽網址http://www.mensa.org.nz/）

——學習（如閱讀／書寫／拼寫方面）有困難的學生

——下肢殘缺引致活動不便的傷殘人士

自1997年開始，教育部成立了「特殊二千（SPECIAL 2000）」，專門為配合以上各種需要的學童提供學習上的協助及服務。並由下列五個部門組成：

長期資源計劃部（ON-GOING-RESOURCING-SCHEME）

嚴重行為偏差部（SEVERE-BEHAVIOUR-DIFFICULTIES）

語言困難部（SPEECH-LANGUAGE-DIFFICULTIES）

特別教育資助部（SPECIAL-EDUCATION-GRANT）

學前兒童服務部（EARLY-CHILDHOOD）。

除此之外，教育部還安排了下列專業人士到學校進行實際協助：

特殊教育組（簡稱GSE）

本組是由專業的心理學家、特殊教育顧問、物理治療師、職業治療師、嚴重行為偏差輔導員等組成。這些專員都有豐富的經驗及資源，只是學校必須支付昂貴服務費，而且由於特殊教育組需求甚多，申請服務的學校需時輪候，一般得等半年以上才能獲得回應或服務。

語言治療組（Languages-Initiative）

語言治療師通常會給發音有困難、語言溝通有嚴重障礙的學童做出適當協助。只是此等資金有限，在僧多粥少情況下，很多學校要等較長時間才能得到協助；有些學校因等待太久而放棄。

資源教師（Education Resource Teacher: Learning and Behaviour，簡稱RTLB）

為輔導學習及行為有偏差之學童，此等教師必需是受過訓練且有相當教學經驗的老師，還要有協助孩子改過行為偏差的策略及方法；通常他們會分區進行服務。可惜這些教師的服務並不包括私立學校及專門教導特殊學童的特殊學校。

資源教師（Resource Teachers: Literacy，簡稱 RT Lit）

專門協助閱讀及書寫有困難之學童，此等教師也是受過訓練且曾經任教於學校多年的老師，她們會以豐富教學經驗協助一般教師，教導那些閱讀及書寫有困難的學童。可惜這些教師數量有限，也不服務私立學校及專門教特殊學童的特殊學校。

調停支援組（Behavior Intervention Support Team，簡稱 BIST）

為及早預防行為有偏差及協助有特殊需求的學童，本組會安排專業人士到有需要的學校去支援學童，以作出及早干預與支援。

一般而言，上述專業人士會因應以上各種有特別需求的學生（依嚴重、中度、輕微程度）而提供協助，也依學生行為偏差範圍（如溝通能力、社交能力、易怒、有暴力傾向及自我毀傷傾向等）作出服務急緩的安排。

紐西蘭現有的特殊教育機構包括

特殊學校、設於一般學校內的特殊部門、家庭式特殊學校、聾校、盲人學校。

總而言之，在人權法定保護下，紐西蘭教育部已盡最大力量對有特殊需求的學生提供適當教育方案。家有特殊兒童的家長不必因自己孩子「與別不同」而自卑；更不必因「面子問題」而隱瞞真相（尤其是華人家長）；相反的，應積極補救，儘早為子女提供合理的學習環境，為孩子創造美好未來。

紐西蘭現行學制一覽表

小學教育Primary School		
Year 1（一年級）	5歲	9:00am~3:00pm（或提前放學）
Year 2（二年級）	6歲	9:00am~3:00pm
Year 3（三年級）	7歲	同上
Year 4（四年級）	8歲	同上
Year 5（五年級）	9歲	同上
Year 6（六年級）	10歲	同上

註：1.小學一年級之入學較特殊，不必在學年的開學日入學，滿5歲即可中途入讀，也有人稱呼這樣的孩子為Year 0，通常混編在Year 1的班級上課，紐西蘭的小學老師非常擅長穿插「分組教學」以解決學生的個別差異問題。Year 0依其整體的學習狀況，他們在下一個學年可以重念Year 1或升上Year 2。

2.一般的、大部分的小學從Year 1到Year 6（一年級~六年級）；少數小學屬於「完全小學（Full Primary School）」，涵蓋了Year 1到Year 8（一年級~八年級）。		
高等小學教育Intermediate School（也稱為「初中」）		
Year 7（七年級）	11歲	上午9時~下午3時
Year 8（八年級）	12歲	同上

註：1.Intermediate School實質上是銜接小學到中學的過渡階段。中港台的小學六年級畢業，如果辦理移民、留學或遊學，依年齡大小通常可以直接入讀Year 7或Year 8的Term 3（學年之下半年）。
　　2.有些學區或私立學校，Year 7~Year 8並未單獨設校（參閱「中學教育」註解2）。

中學教育College / High School / Grammar School / Secondary School		
Year 9（九年級）	13歲	上午8:45 ~ 下午3時後（各校略有不同）
Year 10（十年級）	14歲	同上
Year 11（十一年級）	15歲	同上
Year 12（十二年級）	16歲	同上
Year 13（十三年級）	17歲	同上

註：1.紐西蘭的中學裡，Year 9、Year 10被視為Junior（初級）階段；Year 11~ Year 13則屬於Senior（高級）階段。
　　2.少數學區在Junior階段、Senior階段分開單獨設校，例如Albany Junior High School、Mission Heights Junior College等專收Year 7~Year 10，Albany Senior High School、ACG Senior College等專收Year 11~Year 13，奧克蘭的Sacred Heart College學生年級更涵蓋了Year 7~Year 13。

（一）課程制度架構

　　紐西蘭是世界上最早為國民提供良好教育的少數國家之一，因此向來都以教育制度完善，求學機會均等及國民識字率高而引以為榮。

　　近數十年來，紐西蘭與其他先進國家一樣，面臨許多重要改革及挑戰，為了隨同時代巨輪的不斷前進及迎合世界高科技的需求，多種社會制度亦隨之改變；其中尤以教育政策改革更為令人矚目。教育乃

國家百年大業，而學校則是教育的重要基地，也是培養國民正確價值觀及積極態度的場所；因此紐西蘭政府於一九八九年開始實施「明日學校——Tomorrow's Schools」，並組成教育研究小組進行重新檢討教育制度的工作，制定了「紐西蘭課程體制——New Zealand Curriculum Framework」。

新制定的課程體制適用於全國各小學、初中及高中學校，不但奠立了教育原則，也給予各教師明確指示，更清楚而詳盡地列明「七學科」及「八技能」的範圍。除了對學生、家長及廣大社會人士強調教育的重要外，也使教師們能依照新體制的規定，為學生的學業成績作出適當而公正的評估。

為使華人家長對紐西蘭學制有較清楚概念，本節各章在使用教育界術語時，將輔以淺白易明文字加以闡述解釋。

紐西蘭課程——New Zealand Curriculum

「紐西蘭課程」是紐西蘭政府為全國中、小學教師及學生及成績評估而制定的教育政策。根據一九九一年的教育修正條例（The Education Amendment Act 1991），全國各學校之校董會（Boards-of-Trustees，簡稱B.O.T.）均有責任保證學校的行政必須符合此政策內所制定條例，並達到預期效果。各學校之執照（Charter）及發展計劃書均必須遵守此政策內規定之九大教學原則，以達成目標為依歸。同時，「紐西蘭課程」也承認全國學生都應有均等學習機會，並能通過學習規定的「七學科」及「八技能」發展個別潛能，使其能在絕對民主的國家及經濟競爭劇烈的社會中一展所長。為了達到以上目標及效

果，學校教師必須保持國際水準的教學法，並依照政策中制定之評估法對學生成績作出公正評定。

此外，「紐西蘭課程」更認可及重視兒童學前教育經驗，專上教育及職業訓練等機會；同時，學生不論性別、能力、國籍及文化宗教背景，均有權接受完整的十三年免費教育，這包括小一至小六（Year 1至Year 6），及中一至中七（Form 1至Form7）。

「課程」的含義

課程（Curriculum）有不同含義，在「紐西蘭課程」政策內所指的是全國性的「一般課程」及各學校為配合其所在社區需要與資源而特別設計的「個別課程」。這些課程均需符合政策內規定之九大教學原則。

紐西蘭課程體制——The New Zealand Curriculum Framework

「紐西蘭課程體制」中制定出全國學校應遵守的九大教學原則（Principles），詳盡明確地列出各學校應教授的七個基本學科及八項基本技能（The Essential Learning Areas & The Essential Skills）；同時通過學習這些學科及技能，學生能培養出正確學習態度及價值觀。而教師方面則能依照此體制中所規定的統一評估法評定學生成績。為使華人家長更清楚此體制，現特以圖表解釋如下：

九大教學原則（另文介紹）
七個基本學科包括： 為尊重懷堂義條約（Treaty-of -Waitangi），各學科名均以毛利文及英文並列 ・語文（Language & Languages／Te Korero me Nga Reo） ・數學（Maths／Pangarau） ・自然科學（Science／Putaiao） ・科技（Technology／Hangarau） ・社會科學（Social Sciences／Tikanga-a-iwi）包括歷史、地理 ・術科（The Arts／Nga Toi）包括美術、寫作、戲劇及音樂舞蹈。 ・健康與體育（Health & Physical Well-being／Hauora）
八項基本技能包括： 人際溝通技能、數學技能、資訊技能、解決困難技能、自治及競爭技能、社交及合作技能、體格訓練技能、學習與工作技能。
培養學生正確的學習態度及價值觀

統一學生成績評估法（全國學校適用）

九大教學原則

「紐西蘭課程——The New Zealand Curriculum」為紐西蘭各學校（包括小學、初中及高中）制定了九大教學原則，先以各學生於各不同年級之個別學習能力為大前題，再考慮到紐西蘭本土實際情況，容許各學校自行設計特別迎合其所屬社區的特殊環境及資源的課程，使教師更有效為學生提供更佳學習資源及教法，然而此等課程內容仍需符合下列九大教學原則：

1. 能為各級學生提供廣泛且均衡的教育機會，通過學習七個基本學科及八項基本技能後，培養出正確學習態度及價值觀；達到終生受益目的。

2. 培養不同年級、不同程度學生的成就感，使能各展所長，增加「天生我才必有用」自信心。

3. 給予各區學校足夠伸縮性及通融度，容許教師為所屬校區自行設計適合學生的教材及教法。

4. 保證各年級學生能有連貫性系統教育，由淺入深，循序漸進地進行學習。

5. 鼓勵學生多獨立思考，培養自動自發學習能力，使其能終生自學不斷。

6. 不論性別、國籍、能力及文化與宗教背景，提供學生均等接受教育機會。

* 此原則予不諳英語之新移民學生有絕對的入學權（一九九五年奧市某小學擬制定條款拒收不諳英語學童時，便因嚴重違反此原則而被教育部拒絕批准其不合理條款）。

7. 承認懷堂義條約（Treaty-of-Waitangi）的重要性。各學校必須重視紐西蘭原住民毛利人之文化、傳統、歷史及價值。換言之，毛利文與英文同等重要

* 基於此原則，大部份學校都教授毛利語，毛利歌，有些甚至興建毛利會堂作為學校禮堂。

8. 鼓勵學生認識及尊重其他族裔文化及學習其他語言，特別是太平洋群島之島語及亞洲語言（華文已於一九九四列入紐西蘭學校課程，至九七年底全國已有六十所中小學教授華文）。

9. 提供學生有實際用途，有意義且符合現今社會需求之課程內容，使學生能學以致用並將所學回饋於社會；也為未來就業有所準

備。基於此原則，由初中開始，學校便開設木工、金工、家政縫紉及烹飪、電腦科技等課程訓練學生學術以外的技能。

綜觀上述九大教學原則，我們不得不承認紐西蘭的教育制度著實與亞洲國家一般學制頗有出入。其中尤以第二項的：「培養不同年級、不同程度學生的成就感，使能各展所長；增加天生我才必有用的自信心」此原則至為令人欣賞。這不但考慮到尊重學生個別差異，也間接培養了學生個人價值觀，並承認學識與技能同等重要。

很多華人家長認為「萬般皆下品、唯有讀書高」，因此「盼女成鳳，望子成龍」之心十分殷切。總覺得子女若讀書成績欠佳，前途便一片灰暗；甚至永無出頭日子。於是往往強迫子女死啃書本，放學後再惡補功課，使子女身心受壓；精神疲憊，為的是子女能以優異成績考入名校。在學位短缺，競爭劇烈的精英學制下，或許無可厚非；然而轉移到紐西蘭教育機會均等，競爭性較少，且崇尚自由發展的學制後，家長實在無此必要「壓迫」子女。相反的，如能隨子女興趣，讓他們自動自發學習，並容許其選擇適當時間，在舒適心情下吸收知識，效果定會比在父母強迫下來得更有效。請記住：每個孩子的能力及學習進度都不盡相同，父母切勿互相比較，儘管是同父母所生的兄弟姊妹，各人能力及興趣也絕不相同；有些吸收能力較強、有些較差，硬將他們強作比較，非但毫無意義與作用；更徒增孩子反感、抗拒、與挫折感。

那麼，如何使子女的學習更有效？以下列舉由現代教育專家提供的方法供家長參考，也使孩子更能適應新學制下之教學原則。

1.心情愉快，有安全感及充份心理準備的情形下。

2. 自願而非受父母強制、壓迫。

3. 容許從錯誤中吸收教訓（大多華人家長要求過高，不容許子女犯錯）。

4. 有充份時間吸收新概念。

5. 選擇自己喜愛的學科專心鑽研，一展所長。

6. 由正確的學習動機所引發，而非為考進名校，圓父母虛榮夢而努力。

（二）語文科教法

「紐西蘭課程體制——The New Zealand Curriculum」中詳盡列出各學校應教授之七個基本學科，這七科包括、語文、數學、自然科學、科技、社會科學、術科及健康與體育。本章特就語文科授課內容逐一闡述如下：

語文科（Language & Languages / Te Korero me Nga Reo）

紐西蘭是個英語系國家，因此學校授課語言全以英語為主。然而由於毛利人（Maori）是紐西蘭原住民，政府為尊重他們文化，也於一九七四年開始規定教授毛利文；換言之，實行雙語教育。直至近數十年來因太平洋群島及歐亞各國移民不斷增加，社會漸趨多元文化，太平洋島語言及歐洲、亞洲語言也先後被列入學校選科範圍內。

語言乃人類溝通思想的主要媒介，因此紐西蘭課程中所指的語文科就包括了英語及若干其他國家語言，統稱「語文科」。但因英語是

國際通用語言，故此紐西蘭學校均以英語為授課語言。其他國家語言則以較具彈性的方式列入選修課程，視乎各校實際師資情況及學生要求而定。以下特以英語科授課內容為例，使各家長對本地教法有較明確認識。

英語科授課內容包括下列三部分：

1. 口語方式——聆聽及說話能力的訓練。

2. 書面方式——閱讀及書寫能力的訓練。

3. 視覺方式——觀察及表達能力的訓練。

上述三種方式的能力培訓適用於各學校之小一至中七，各級學生均能依他們不同進度及能力進行學習；教師也「因才施教」，以不同教學法配合學生能力。

1. 聆聽及說話能力——所有孩子的最初步學習都是從聆聽開始，無論他們母語是何種語言，都必須經歷此階段訓練。待他們聽到的單字，詞彙及句子累積多了，才能開始模仿成人以說話方式表達自己意思；一般正常孩子都在最初的三、四年內學會說話能力。聆聽與說話能力的訓練在孩子的學習過程中便成了極重要階段，這個重要階段也往往源自於家庭教育。但孩子入學後，他們才開始通過正確、有系統的方法進行學習。

   從前的傳統教學法強調聆聽能力比說話能力為重要，但是近代多採用綜合教學法（也稱活動教學法），故此說話能力的訓練已遠比聆聽能力來得更重要。學生必須多以說話能力表達自己的感受及心得，而不再只是靜坐課室聆聽教師的注入式教授。

訓練聆聽能力的方法也由傳統的單軌式接收演變成較有趣的聆聽活動，如聆聽故事錄音帶後回答問題，或把故事重點覆述；又或發表個人感想及與其他同學交換意見等。教師也可通過學生表現加以評估其聆聽能力與說話能力的強弱，從而個別加以適當輔導。

2. 閱讀與書寫能力——閱讀是文字資料與閱讀者之間一種相互影響作用，也是閱讀者通過語言、語意及句法的反覆出現而累積的經驗，再將訊息傳達至大腦而產生理解的一種學習過程；閱讀能力的訓練也是學習語文重要的一環。

　　綜合教學法由傳統的機械式死讀硬唸課文演變成較活潑而生動的方法，學生不再由週一開始背誦生字及課文，然後應付週五測驗作為成績評估；而是每天閱讀後寫下讀後感或文章撮要，這些也都是視乎每個學生的能力，利用自己文字及寫作方式各自發揮而成。而教師在評估這些文章時也會考慮各學生的個別差異，盡量加上鼓勵性評語。如此通過相輔相成的學習過程來訓練學生閱讀及書寫能力是目前一般學校常用的新教法。

　　為達成此教法，教師通常會以下列三種途徑訓練學生的閱讀能力：①語音、②語言學及③理解。老師多採取基本語音、語意、句法及拼寫等教法，通過學生積極參與及練習而達到對課文理解的目的；這三種途徑也是訓練學生增強閱讀能力的必經步驟。

　　至於書寫能力方面的訓練則包括書法、拼寫及寫作三項。傳統教學法稱之為「作文」，通常由教師擬定題目後著學生依

題作文，並隨即於堂上完成交給老師；作文內容更少容許在文法上及拼寫上有任何錯誤。但是現代的教法則稱為「寫作」，學生可自定寫作題目及大網，回家收集資料後（通常從其他書本或電腦及百科全書等）；再以自己的文字及語法寫成草稿交教師過目，然後由教師在草稿上加上評語，或貼上鼓勵性精美小貼紙（小學及初中多採用此法）以引發學生繼續寫作的興趣。在此草稿階段，教師並不著眼於學生拼寫及文法上錯誤，原因是不想增加學生的挫敗感及減少他們自信心。

3. 觀察及表達能力──觀察與表達能力在近十年採用的綜合教學法中扮演著十分重要角色，與從前那種「老師教、學生聽」的傳統式教學法確有天淵之別；這也是為了迎合教學九大原則中的「提供學生有實際用途，有意義且符合現今社會需求之課程內容」而採用的視覺方式教學法。

現今年代科技日新月異，孩子從小便已接觸並認識各種不同的視覺媒體，如手機、平板電腦、電視機、錄像機、放映機、海報、相片等與視覺有關的媒介。幾乎每個小學生從幼稚園開始便已接觸過上述各種視覺媒體，直至上小學後又因大多學校均有電腦、電視機等設備，不少現代化家庭也都購有先進設備，四、五歲小孩子懂得玩電腦遊戲已不再是稀奇的事，為此學校的課程內也必需包括這方面的訓練。學生們也許被要求自製錄像帶、設計海報，甚至利用電腦的剪接技巧，合作編輯校刊或主題企劃等等。這皆因科學進步，教學法也需迎合時代潮流而作出相應調整與配合。

以「紐西蘭的英語課程──English in New Zealand Curriculum」內

水平1.及2.（Level 1 & Level 2）的建議為例，學生們可能要求設計一個有關道路的專題企劃，他們便需採用以下步驟進行設計：

1. 教師先帶領全班學生到學校附近地區去作實地考察馬路情況、路標的設計及街道名稱等，使學生由實際環境中吸收經驗。

2. 返回學校後，學生便分組討論、設計繪圖，包括路標、街名、地圖及交通標誌等等。

3. 繪圖後再加上文字說明或圖解。

4. 企劃完成後還需利用展覽板展示給全班師生觀賞，並可加上旁白或製成錄像帶等方式。

通過以上步驟，學生必須配合說話及聆聽能力，閱讀與書寫能力，也就是第一的口語方式及第二的書面方式，方能完成整個設計：這也是通過實際活動而學習的最有效方法。與傳統教學法的「老師依書直說，學生全盤接收」的注入式教法大有雲壤之別；也更加生動有趣、印象深刻。此外，學生在接受觀察及表達能力訓練的同時，也學習到現代化科技設備如電腦、電腦打印機、錄像機、磁帶等的操作技巧。未有此等先進設備的學校，學生仍必須依賴書寫能力，特別是書法、繪圖等方面的配合。教師在評估此等作業時，也會考慮到校方設備的實際情況、設計內容的充實與否、書法整齊美觀程度、討論方法正確與否、繪圖技巧及學生對科技應用的能力等各方面。

上述三種方式是目前一般小學到中學的英文科授課概況，除此之外也有文法與文學詩歌欣賞加插其中；使學生的英語能力更鞏固扎實。關於學校教授語法的問題，很多華人家長會抱怨說這裡教師不太注重英文語法的傳授。其實這與我們在原居地時一般學校都沒特別開

設一節中文語法課的情形相同；英語是本地大部分學生的母語，他們從牙牙學語開始便聽英語、講英語，當然無須特別再教什麼句法、句型、名詞動詞等文法。從前的傳統教學法曾有正統的語法課教授這方面的常識，但是現代教育專家證實這些較枯燥而刻板的內容必須以活潑方式授與學生，於是認為在採取綜合教學法時只要教師在適當時機加以說明便已足夠，無須特別明顯地安排語法課。例如學生在閱讀故事時，教師會隨機介紹什麼是名詞、動詞、形容詞、助語詞等等，而學生在通過日積月累的經驗後也會漸漸潛移默化，接受及明白英文語法的使用。到他們自己寫短句、作文時，教師在草稿階段也甚少改正他們的語法錯誤，直到校對文稿階段時才提醒學生自我校正語法；這樣通過錯誤中學習改正的印象要比教師直接指正他們的來得更深刻。換言之，由錯誤中吸取經驗是綜合教學法的一大特點。

文學及詩歌欣賞方面也在教師「蓄意」安排下收到預期效果，通常學校會安排「閱讀堂」或「閱讀週」，設有圖書館的學校通常有規定時間讓學生上圖書館自修閱讀，沒有圖書館的則由教師帶往學校附近的公共圖書館進行課外學習。在圖書館內，學生可取閱自己喜歡的文學著作、故事書或詩歌等。然後選出最有興趣的一本寫下讀後感，或是在全班師生前誦讀自己最喜歡的詩歌。同時，每學期會安排扮演故事主角的「盛裝日」以增加學生的閱讀興趣，也有調查最受歡迎的作者等活動，培養學生研習文學的興趣及欣賞文學能力。

（三）數學科的教法

除了英語科之外，數學在紐西蘭課程中也佔有極重要的份量；原因是數學無論在家居生活、外出活動等，無時無刻均有應用機會：例如烹飪、園藝、駕駛、購物、修理工作以及一切日常生活起居、安排約會程序等等，均與數學有不可分割的關連。孩子從小便開始由淺入深、自簡到繁地學習到解決困難的方法，從簡單的數目、顏色、方向、空間等基本概念，到學習加、減、乘、除等計算技巧，進而精密的計劃、方程式的發明以至於科技研究等等，無不需要數學。此外，解決日常生活之難題、適應新環境的能力也與數學有密不可分的直接關係。

很多華人家長或許會抱怨紐西蘭的數學太淺易，他們常把子女在原居地學到的數學知識與此間學校的一般課程相比，認為程度太低。若以同班級作比較，這些也許是事實，然而最終結果，正常的紐西蘭學生在完成高中課程後，他們所學到的數學其實也不比一般亞洲國家的學生遜色，甚至可說是更加多面化而且廣泛。這與亞洲國家一般數學課程的專注於深度發展確有異曲同工之妙，甚至可說是殊途同歸。

數學科教法與英語科教法類似，由於紐西蘭最近幾十年來採用活動教學法（也稱綜合教學法），因此學生學習數學也不再像我們從前那種「死背乘數表，硬記方程式」的方法，而是通過實際的數學活動，從實踐中認識到數字之間的關係，進而加深其理解能力及學習數學的樂趣。通常教師會將學生分開作小組式學習，讓學生通過數學活

動認識乘數，使他們理解到乘法與加法，減法與除法的關係，從而發掘出數目字之間的奇妙與趣味。例如學生如忘記了4×8的答案，他們只要將四個8或八個4加起來便可得到答案，而且通過上述的加法，也會發覺到連加四個8會比連加八個4更快得到答案，印象也就更深刻；也無須死記乘數表了。可能有家長認為使用乘數表要比用連加法更快捷、更有效，然而用連加法卻是使學生真正理解答案來源的最好方法。所謂「授之以漁」勝過「予子以魚」，學生只要明白連加法的意義，再記乘數表便會事半功倍，而其他的也就舉一反三了。事實上，只有通過學生自己發現原理，才算真真正正地學習數學。傳統教法那種老師拚命解釋，學生死命硬記的數學科教法實在令很多學生對數學望而生畏。除了部份天資過人的聰明學生外，大多數都因無法理解箇中道理而對數學心生恐懼，久而久之也就興趣索然而放棄學習了。因此嚴格而言，紐西蘭以活動教學法教授數學是利多於弊的。

根據九大教學原則中第五項的「鼓勵學生多獨立思考及培養自動自發的學習能力，使其終生學習不斷」的方法授以學生數學，實在是數學教法的一大改革；只有在學習者充滿好奇、興趣盎然的心情下進行，學習數學才有理想效果。記得唸高中時，教我們數學的那位老師對女生特別有成見，總認為女孩子腦筋差，數學也差，其實究其原因是因為他自己不得其法，使很多女孩子害怕動腦筋，更為恐犯錯而受他責難；加上部份教師的性別歧視心理作祟，致使女孩子對學習數學之興趣大減，甚至產生恐懼感！事實上說女孩子數學能力差完全毫無根據，君不見最近幾年中，華裔移民學生參加澳洲數學比賽（Australian-Mathematic-Competition）中女生獲獎的大有人在嗎？記得

1997年紐西蘭就有兩位華人女生榮獲數學大獎，並獲出席南美洲的奧林匹克國際性數學大賽；最近十多年來也經常有華裔數學女冠軍出現。

部份華人家長認為紐西蘭學生數學差是因為本地教法與亞洲國家不同之故，可這也未必盡然，其實，也許與紐西蘭生活環境較單純及少競爭性有關，而非教學法不當所影響。相反地，紐西蘭學生對於應付環境及自我解決困難的能力要比亞洲國家學生更優勝！舉例說華人學生較多著重於學業成績而忽略了運動及課外活動，紐西蘭學生則較全方位、多方面均勻發展，真正實行「讀書時讀書，遊戲時遊戲」這種作息有序的均衡生活。

最後值得一提的是紐西蘭的數學課程中包括了演算過程、數目、量度法、幾何原理、代數問題及統計法等。而在演算過程中也容許學生使用計算機，那是因為教師認為，只要學生能真正理解答案的來源，計算機只是幫助他們獲取答案的工具而已。教師對學生的評估法也就採用較多元化方式，通常包括學生小組活動解決困難的表現，讓學生自我核對答案以培養學生誠實自重的性格，也不會因成績較差而造成心理壓力，從而減少為爭取高分而作弊的機會，使學生更能養成完美人格。

（四）淺談紐西蘭教育史

紐西蘭的土著毛利人（Maori）自稱是Tangata Whenua（意即是大地主人）卻被文明的英國人認為是未開化、無教養的蠻族。根據紐西

蘭歷史記載，一八一六年，傳教士開設了第一所教會學校，企圖利用同化政策（Assimilation）將毛利人同化，讓他們放棄其固有文化，接受西方文明；這便是紐西蘭早期的教育情況。

據載，一七六九年，英國探險家占士‧庫克（James Cook）便到達紐西蘭，他在對紐西蘭環境作了周詳考察後；回國便發表了自己所見所聞。因而吸引了大批歐洲人、英國人、美國人、澳洲人及葡萄牙人等前來紐西蘭觀光探察。直至十九世紀初，不少歐洲傳教士也紛紛加入行列，前來傳教；其中尤以英國教士佔最多數。英國人一向自視為文明程度極高民族，不少傳教士認為有必要設立教會學校，教化無知土著；換言之，利用西方文明將毛利人同化。

一八一六年第一所教會成立後，翌年八月傳教士湯馬士‧肯道（Thomas-Kendall）便于群島灣（Bay of Islands）成立第一所教會學校。可惜毛利人對此興趣不大，因而不到兩年便宣告關閉。直至一八二零至一八三零年期間，因受步槍之戰（The Musket Wars）影響，毛利人對於步槍這種西洋武器需求甚殷，於是研究學習西方科技文化的興趣也漸濃：教會學校又再重開。但當時學校課程中並不包括英語，只以毛利語教授毛利學童閱讀及書寫。肯道（Kendall）更把聖經翻譯成毛利文，藉以灌輸毛利學童認識基督教義。據說當時第一版毛利經文面世時，毛利人無不興奮爭相捧讀，不少家長更與子女同到學校上聖經課；有些遍遠地區小部落酋長更要求教會派員到其部落傳授經文。於是毛利人開始重視教育，而教會也趁機說服他們皈依基督教；同時更制定法律使毛利人服從遵守。英國教士此舉無非是為其日後有權使用毛利土地而先作準備，也是迫使毛利人放棄其固有文化的第一

步計劃。

當時毛利人仰慕西方的先進科技及文化的興趣日隆，送子女入讀教會學校之熱忱也日漸提升，一些成人不但熱心將自己所學傳授予同部落族人；部份更設立鄉間學校教授毛利兒童。毛利人文盲份子逐漸銳減，而識字率亦相應提升。然而毛利人熱衷教育的情形在一八四零年後又突然減退，其中原因有兩個：

其一是毛利人對教會的教育制度感到灰心，他們只能學到毛利文，無論閱讀或書寫都以毛利文為主，對西方科技及文化無法明白理解，更遑論發展。這與他們先前滿懷希望能學習到西方科技文化的原意大相逕庭，故對教會學校失望及不滿之情便油然而生。

其二是自從一八四零年開始，懷堂義條約（Treaty-of-Waitangi）簽訂後，大量英國移民湧入紐西蘭，毛利人的土地權受侵危機驟升，他們極需學習英語與英國人進行交涉，可是他們在教會所學的卻全以毛利語為主，因此對於到教會學校受教育的興趣便頓然喪失。教會與紐西蘭政府有見及此，便開始他們施行同化政策（Assimilation）的第二步。

政府在一八四七年制定了教育條例（Education Ordinance）後，由總督佐治·格雷（Sir-George-Grey）全力資助的教會寄宿學校便告成立，並把英語列入課程綱要內。此舉為了迎合毛利人渴望學習英語的要求，並希望讓毛利兒童遠離自己居住的鄉村及部落後，逐漸放棄其本身文化及固有生活習慣；完全接受英國教育，換言之把毛利人同化。

不料到了一八六零年，因英國人企圖控制及使用毛利土地，發生了「土地戰爭（Land War）」，中斷了總督佐治·格雷的同化計

劃。一八六七年又出現了另一新的教育政策模式，那便是「土著學校法（Native-School-Act）」。此決議聲明，由毛利人供應土地興建校舍，管理校政及聘請教師。但實際上，學校行政及決策權一開始便已由英國官員控制，土著毛利人根本無權過問。

一八八零年，土著學校督學占士・卜比（James Pope）草擬了「土著學校法令（Native-School-Code）」，他在該法令中提出教師只需懂得少許毛利語，用以輔助教授初入學的毛利兒童學英語之用便足夠。換言之，學校並不鼓勵使用毛利語，於是教師們不論男、女均以能教英語為榮。正如James在他的學校報告中所言：「毛利語為不合時宜的語言……」當時的英國人甚至希望毛利文化及風俗習慣盡快凋謝及滅絕！

一九零零年後，教育當局更採取強硬政策取締毛利語，嚴禁學生在校內講毛利語，如有違反者則一律嚴加體罰。此舉無疑使毛利人身心大受創傷，當時各校自小學開始，便把毛利文摒棄及排除出課程外，加上教師對毛利語持以消極、漠視態度，使不少學生逐漸對講毛利語產生反感。由于教育當局強硬取締毛利語政策，毛利人家長無不痛心疾首。原以為自己孩子能在學校學到英語外，仍能保留本身母語及文化傳統，然而在如此強硬政策下，毛利孩子放學回家後也不願以母語與家人溝通；原因是怕在家習慣後，回到學校時會不自覺，說溜了嘴而慘遭體罰之苦。因此，當時的毛利兒童是絕口不講母語的，甚至以講毛利語為恥！由此可見英國人的同化政策給毛利人帶來了幾許痛苦與無奈，致使當時新生一代的毛利兒童已完全喪失了母語能力。

一九二五年，一份由「非洲教育諮詢委員會（Advisory-Committeeof-African-Education）發行的報告給毛利人帶來了極大喜訊與希望。報告中指出：「教育應以尊重國民傳統習慣及滿足國民身心精神為依歸，並應從初級教育機構著手改善……」由於此宣佈，紐西蘭教育當局終於放寬了對毛利人壓制，而改用較具彈性的教育制度：那就是學校可以教授毛利語。雖然當時教育部還未立例規定，然而部分學校已紛紛於一九三零年開始把毛利語列入教學課程內，直至一九六一年，時任毛利事務部秘書長亨恩先生（Jack Kent Hunn）提出了一份非常有建設性的報告，也就是紐西蘭教育史上著名的「亨恩報告——Hunn-Report」。他在該報告中否決了同化政策，而以融合政策（Integration）取代之。意即容許毛利語與英語兼學並存，且應明顯保留毛利文化傳統習俗，亨恩這建議自然得到所有毛利人贊同與欣賞，然而卻只獲得少數白人認同。

　　直至一九七三年，全國七所教育學院終于把毛利文列入教師受訓必修科，一九七四年政府也正式把毛利文列入全國中小學課程內；教育部更提供了六個毛利語教席。至此可說是毛利文的全盛時期，毛利人渴求雙語教育的願望也終於實現了！

　　一九七六年，全國已有一百二十三所中學及一百所小學教授毛利語，同時為配合教授課程需要，教育部更增聘三十位巡迴教師於全國各區學校任教毛利語。三年後，教授毛利語的中學已增至一百七十一所，小學甚至增至二百五十所，而巡迴教師也增聘至四十位。時至今天，紐西蘭教育部已實行多元文化教育制度，學校更鼓勵母語非英語學生繼續保留其本身母語及傳統習慣；一九九四年開始，更將華文也列入教育課程內。

（五）紐西蘭華文教育發展史

一九九五年，全國已有二四四名小學生學習漢語。一九九六年初，來自北京的中文顧問張占一教授在惠靈頓及基督城創辦了「紐西蘭中國語言協會」，同年十一月又在奧克蘭成立分會，並定時舉行會議；使華文教師得以互相觀摩學習、研究教學法並分享教學資源。

一九九六年，全國學習漢語的學生增至一三二五名。奧克蘭分會還先後在一九九七年九月二十七日及一九九八年十月十日成功舉辦了中文演講比賽。參賽者分華人（母語組）及外國人（非母語組）；人數也由一九九七年的五十多人增至一九九八年的七十多人；反應熱烈。

一九九七年底，一份由「紐西蘭師範教育委員會」發佈的報告中顯示，全國共有二十六所公立小學，三十四所公立中學開設華文課程；學生增至二二一四名，但是那時華文仍未被「紐西蘭資格評審局」（New Zealand Qualifications Authority）列入大學入學試（BURSARY）範圍。

一九九八年，全國七所大學中已有六所開設華文科供學生選修。此外，民間華社（包括教會及私人團體）也不遺余力開辦週末中文課班，為新移民孩子提供學習華文機會。為迎合不同地域的移民孩子，華文班還分華語及粵語；並由老家原任教師的家長義務授課。

根據「紐西蘭漢語課程大綱」及中紐兩個文化背景，教育部特別聘請專人設計了一套名為「新朋友」的漢語叢書，同時訂出單元教學標準（The Unit Standard），於是，從一九九九年開始，教育部將華文列BURSARY考試範圍，至此，漢語也正式納入紐西蘭教育體系。

後記：據紐西蘭教育部[國際語言發展項目]國家漢語顧問王宇博士所提供資料：直至二零一四年七月，紐西蘭全國有一七八所小學、初中及六十六所高中開設華文課程，學習漢語學生共二萬八千三百六十一名。

Chapter 3

關鍵的中學教育
（Year 9~13）

2015年1月24日　星期六　Issue 2259　Saturday　ISSN 1177-1690　本期36版

先驅報 CHINESE HERALD

The New Zealand Herald 每週與英文先驅報

繽隨報刊 On-tutoral Newspaper 中国南方航空 AIR NEW ZEALAND 關書航空公司

他把學生送入世界名校

本報記者 康妮

他堪稱奧克蘭最資深的升學教育專家，把很多優秀的少年送入世界名校，哈佛、普林斯頓、斯坦福、牛津、劍橋都有他的學生，他每年往來於美國、中國、新西蘭，講學、出書、做諮詢、寫專欄。他認為：優秀是教出來的，每個孩子都是天賦之子，只要教育得當，皆可成棟樑之材。他便是奧克蘭課程輔導中心的創辦人張靄騰老師，人們都叫他張老師。

讓孩子入讀名校，是很多父母的願望。但是怎樣才能實現這樣的願望呢？張老師認為，孩子的教育，家庭、學校、環境，三個要素都很重要，其中中學校最重要的部分就是好老師。

每個孩子都是天賦之子

他看上去親切、隨和、面帶微笑，隨時回答人們的提問，關於教育，他有說不完的話題，他總是穿梭著一個書香、風塵僕僕地來往於各個輔導分校之間，也奔忙於各個大學之間。

張老師從事教育40年，博學多才，博覽群書，知識面相當豐富，很多人只知道他是升學專家，並不知道他對生物、地質、地貌、環境都頗有研究。他曾任教於台北師大附中，擔任過全台灣十多家升大學、升醫學院班生物講師，他在台灣教了25年書，四千多位醫生是他的學生，他也是四個孩子的父親，亦父亦師，是許多孩子走向成功的推手。

他在2000年創辦奧克蘭課程輔導中心，培養了很多優秀學生，目前，奧克蘭課程輔導中心在奧克蘭有三個分校，近700名學生，20多位優秀的老師。

記者：好老師應該是什麼樣的？

張老師：課要講得好，最要有吸引力、做教育輔導是很難的一件事，因為，這不是一件輕鬆的事情，你要足夠好，才能吸引到學生來，做輔導學校的好老師，在普通中學一定是非常棒的。

我要求我們的老師對於每個孩子的情況都很瞭解，老師要給每個孩子寫報告，從學生的報告中便知道孩子的學習狀況，穩定的老師隊伍也很重要，給孩子們一個熟悉、穩定的環境。

我的學校對老師很尊重，辦公室職員更是讓每個老師心曠神怡，在他們上課的時候幫他們備好他們喜歡的飲料，記得他們喜歡喝咖啡、還是綠茶、奶綠茶；訂餐的時候，要知道他們喜歡中餐還是西餐，辣的還是不辣的，所以老師都喜歡來我們這種

上課，他們喜歡被尊重的感覺，我的師資就很穩定，最長的教了8年。我對我的職員常常說，不要說老師的待遇很高，因為我們學校的口碑靠的就是這些老師，我們的學生能夠取得好成績，也靠的是這些老師。老師是一個辛苦、偉大的工作，他們在教育我們的下一代。要對他們好，讓他們在辛苦付出的同時得到好的回報。

作為對老師的一種保護和尊重，再知名的老師我也不會拿他們作為廣告招牌。我們學校有SAT資深老師，紐西蘭唯一的IB知識論課程全球線上教學名師、辯論界常勝軍教練名師、劍橋考官名師等等。儘管新西蘭學校不禁止老師在校外兼課，但是他們絕對不樂意見到自己學校的老師在校外太風頭，這樣會給老師們帶來麻煩。

對於學生也是一樣，奧克蘭課程輔導中心每年有很多孩子上名牌大學，但是我也很少拿他們來做學校的廣告。我們要尊重孩子自己的努力和優秀，理解父母的辛勞付出、陪伴，因此，我從來不曾、也不願意在媒體裏利用孩子的照片和成就大登商業廣告。

近兩年中國有些教育機構積極尋求與我合作辦學，專辦初高中學生出國留學預備課程的「國際班」，即將在深圳、鄭州等幾個城市開課，春節後我得飛去中國一段時間、辦講座、面試老師、挑選教材等。

記者：您對新西蘭普遍學校的師資力量怎麼看？

張老師：我覺得新西蘭培養師資的渠道不是很健全，優秀師資有些短缺。新西蘭的大學排名一直往後掉也跟好老師的流失有關，即便是新西蘭的好小學也有一些不怎樣的老師，好的老師也留不住，這都是很深入擔憂的問題。全球來說，芬蘭的老師社會待遇很高，在那裏當個小學老師，都需要碩士。新西蘭在很多地方應該向芬蘭學習。

記者：很多華人學生熱衷上醫學院，報考時該有哪些準備？

張老師：在新西蘭和澳洲，申請醫學系、牙醫系的競爭絕不亞於申請世界名校。兩年前一位西謝爾校的印裔孩子以放棄全額獎學金入讀哈佛大學的機會，目前是奧大醫學學生。我接觸過很多就讀，或者已經成為醫生的孩子，他們要具備以下幾個特質：

英文要特別好！數理化好不過是基本條件。要提前培養「說話表態對、能力」「面試關」淘汰學生，錄取三分之二、血亞裔學生刷掉三分之二，這跟歧視沒有關係，是亞裔孩子說話不夠好過關。醫學院招生越來越重視申請人的領導能力和才藝。組織

張雲騰老師

能力強、自信、時間管理有效率是醫學生的特質。更重要的，要能夠堅持某些東西，要犧牲、要割捨一些東西，例如打遊戲、玩手機，90%的努力還不夠，請記住，要盡可能做到100%的努力！

記者：以您一個教育專家的眼光看，孩子一定要上名牌大學才算成功嗎？

張老師：我非常欣賞電影《侏儸紀公園》中的一句話：「生命會自己找到出路」，我們有些父母太為孩子的教育感到焦慮，每個孩子都有他們自己的生命歷程和軌跡，我們不必強行替他們安排，通往幸福和成功的道路不止一條。

出書、做節目 一個都不能少

除了辦教育，張老師同時也是一個社會活動家，出書、攝影、寫專欄、辦講座、做節目、遊學等。前段時間，他邀請一位出色的新西蘭少年，去年考上哈佛的Jamie Beaton（本報1月17日報道）在奧克蘭做了一個講座，受到熱烈歡迎。

他出版過一本自己《荷魅波光》攝影集。也曾應但尼丁市政府的邀請，在該市圖書館展覽廳舉辦了一個星期的「荷魅波光」攝影個展，50多幅從台灣空運來的巨幅荷花作品感動了許多紐西蘭人。同時，他也把在新西蘭拍攝的作品，在台灣舉行了攝影個展，撼動了很多台灣人的心。這樣的生活，不僅僅是為了事業的成功，也是生活的情懷。

記者：寫專欄和做電台節目，會不會佔用你太多時間？做這些事情的初衷是什麼？

張老師：每週一篇專欄、一小時節目，每星期都會佔用一整天時間，跟處理其他事情的時間比較，應該不算太多。每一個孩子的成長都是一個獨特的故事，都在驗證或衝撞我們的教育理念，我覺得這是值得做得事情。

我在專欄文章中從不廣告自己的學校，只探討和論述教育問題。我每週二在電台做《優秀是教出來的》節目，已經是第9年了，在電台節目中，我也是把重點放在教育話題上，這個時段我會廣告一下自己學校的課程和活動，因為，支付的時段費用是一筆不小的負擔，沒有廣告行為就無法平衡學校的收支。

一、紐西蘭中學教育概況

（一）從報紙專訪張老師，看紐西蘭的教育

編輯說明：本文轉載自紐西蘭《先驅報（Chinese Herald）》。
2015年1月24日該報以頭版整版和A4版，刊登記者康妮之《他把學生
送入世界名校》一文，從張老師的學經歷、工作背景和專訪內容，讀
者得以了解張老師為何對紐西蘭的中學教育如此熟悉。

他堪稱奧克蘭最資深的升學教育專家，把很多優秀的少年送入世
界名校，哈佛、普林斯頓、斯坦福、牛津、劍橋都有他的學生，他每
年往來於美國、中國、紐西蘭，講學、出書、做節目、寫專欄。他認
為：優秀是教出來的，每個孩子都是天賦之子，只要教育得當，皆可
成棟樑之材。他便是奧克蘭課程輔導中心的創辦人張雲騰老師，人們
都叫他張老師。

讓孩子入讀名校，是很多父母的願望。但是怎樣才能實現這樣的
願望呢？張老師認為，孩子的教育，家庭、學校、環境，三個要素都
很重要，其中學校最重要的部分就是好老師。

1.每個孩子都是天賦之子

他看上去親切、隨和，面帶微笑，隨時回答人們的提問，關於教
育，他有說不完的話題。他總是隨身背著一個書包，風塵僕僕地來往

於各個輔導分校之間，也奔忙於各個大學之間。

張老師從事教育40年，博學多才，博覽群書，知識面相當豐富，很多人只知道他是升學專家，並不知道他對生物、地質、地貌、環境都頗有研究。他曾任教於台北師大附中，擔任過全台灣十多家升大學、升醫學院班生物講師。他在台灣教了25年書，四千多位醫生是他的學生，他也是四個孩子的父親，亦父亦師，是許多孩子邁向成功的推手。

他2000年創辦奧克蘭課程輔導中心，培養了很多優秀學生。目前，奧克蘭課程輔導中心在奧克蘭有三個分校，近700名學生，30多位優秀的老師。

記者：好老師應該是什麼樣的？

張老師：課要講得好，還要有吸引力。做教育輔導是很難的一件事，因為，這不是一件必須做的事情，你要足夠好，才能吸引學生來。在輔導學校的好老師，在普通中學一定是非常棒的。

我要求我們的老師對於每個孩子的情況都很瞭解，老師要給每個孩子寫報告，從學生的報告裡知道孩子的學習狀況，穩定的老師隊伍也很重要，給孩子們一個熟悉、穩定的環境。

我的學校對老師很尊重，辦公室職員要記得每個老師的愛好，在他們上課的時候幫他們備好他們喜歡的飲料，記得他們喜歡喝咖啡，還是綠茶、英國茶；訂餐的時候，要知道他們喜歡中餐還是西餐，辣的還是不辣的。所以老師都喜歡來我們這裡上課，他們喜歡被尊重的感覺，我的師資就很穩定，最長的教了8年。我常常對我的職員說，不要說老師的待遇很高，因為我們學校的口碑靠的就是這些老師，我

們的學生能夠取得好成績，也靠的是這些老師。老師是一個辛苦、偉大的工作，他們在教育我們的下一代。要對他們好，讓他們在辛苦付出的同時得到好的回報。

作為對老師的一種保護和尊重，再知名的老師我也不會拿他們作為廣告招牌。我們學校有SAT資深老師、紐西蘭唯一的IB知識論課程全球線上教學名師、辯論隊常勝軍教練名師、劍橋考官老師等等。儘管紐西蘭學校一般不禁止老師在校外兼課（編者註：基於利益迴避原則，老師必須遵守校外不得教自己校內授課班級的學生），但是他們絕對不樂意見到自己學校的老師在校外太高調，這樣會給老師們帶來麻煩。

對於學生也是一樣，奧克蘭課程輔導中心每年有很多孩子上名牌大學，但是我也很少拿他們來做學校的廣告。我們要尊重孩子自己的努力和優秀，理解父母的辛勞付出、陪伴，因此，我從來不曾、也不願意在媒體利用學生的照片和成就大登商業廣告。

近兩年中國有些教育機構積極尋求與我合作辦學，專辦初高中學生出國留學預備課程的「國際班」即將在深圳、鄭州等幾個城市開課，春節後我得飛去中國一段時間，辦講座、面試老師、挑選教材等。

記者：您對紐西蘭普通學校的師資力量怎麼看？

張老師：我覺得紐西蘭培養師資的管道還可以做得更好，盼望能有更多優秀老師加入中小學教師行列。紐西蘭的大學排名往後掉應該與好老師的流失有關。即便是紐西蘭的好中學也有一些不怎樣的老師，好的老師如果留不住，這確實是讓人擔憂的問題。全球來說，芬蘭的老師社會待遇很高，在那裡當個小學老師，都需要碩士。紐西蘭

在很多地方應該向芬蘭學習。

記者：很多華人學生熱衷於上醫學院，報考時該有哪些準備？

張老師：在紐西蘭和澳洲，申請醫學系、牙醫系的難度絕不亞於申請世界名校。兩年前一位西湖男校的印裔孩子放棄全額獎學金入讀哈佛大學的機會，目前是奧大醫學生。我接觸過眾多就讀，或者已經成為醫生的孩子，他們要具備以下幾個特質。

英文要特別好！數理化好不過是基本條件，要提前培養「說話和應對」能力。「面試關」洋人學生錄取三分之二，而亞裔學生刷掉三分之二，這跟歧視沒有關係，是亞裔孩子說話不夠好沒能過關。醫學院招生越來越重視申請人的領導能力和才藝。組織能力強、自信、時間管理有效率是醫學生的特質。更重要的，要能夠堅持某些東西，要犧牲、要割捨一些東西，例如打遊戲、玩手機，90%的努力還不夠，請記住，要盡可能做到100%的努力！

記者：以您一個教育專家的眼光看，孩子一定要上名牌大學才算成功嗎？

張老師：我非常欣賞電影《侏儸紀公園》中的一句話：「生命會自己找到出路」，我們有些父母太為孩子的教育感到焦慮，每個孩子都有他們自己的生命歷程和軌跡，我們不必強行替他們安排，通往幸福和成功的道路不止一條。

2. 出書、做節目一個都不能少

除了辦教育，張老師同時也是一個社會活動家，出書、攝影、寫專欄、辦講座、做節目、遊學等。前段時間，他邀請一位出色的紐西

蘭少年，去年考上哈佛的Jamie Beaton（本報1月17日報導）在奧克蘭做了一個講座，受到熱烈歡迎。

他自己出版過一本《荷媚波光》攝影集。也曾應但尼丁市政府的邀請，在該市圖書館展覽廳舉辦了一個星期的「荷媚波光」攝影個展，50多幅從台灣空運來的巨幅荷花作品感動了許多紐西蘭人。同時，他也把在紐西蘭拍攝的作品，兩度在台灣舉行《戀戀南十字星》攝影個展，撼動了很多台灣人的心。這樣的生活，不僅僅是為了事業的成功，也是生活的情懷。

記者：寫專欄和做電台節目，會不會佔用您太多時間？做這些事情的初衷是什麼？

張老師：每週一篇專欄、一小時節目，每星期都會佔用一整天時間，跟處理其他事情的時間比較，應該不算太多。每一個孩子的成長都是一個獨特的故事，都在驗證或衝撞我們的教育理念，我覺得這是值得做的事情。

我在專欄文章中從不廣告自己的學校，只探討和論述教育問題。我每週二在電台做《優秀是教出來的》節目，已經是第9年了，在電台節目中，我也是把重點放在教育話題上，這個時段我會廣告一下自己學校的課程和活動，因為，支付的時段費用是一筆不小的負擔，沒有廣告行為就無法平衡學校的收支。

記者：您每年組織美國名校遊，這樣的遊學活動對於孩子的成長有意義嗎？

張老師：這是鼓勵親子同行的活動，是否有意義應該由隨行的家長來評斷。我只能說，的確看到了很多孩子在這一趟旅行之後有所改

變，對於孩子的鼓勵作用應該是不言而喻的。大部分孩子並不是參加了美國名校遊才打算去美國讀書深造，孩子和家長本來就有這個想法。

整個行程以十幾所大學名校為主，也有遊樂的部分，兩個迪士尼樂園、環球影城、大都會博物館、百老匯音樂劇等。這樣的遊學活動對孩子成長的意義是綜合性的，對於孩子們拓展視野、體驗美國文化、暫時遠離電腦去調劑身心、認識美國教育、學習自我管理和安全意識等等確實有所幫助。優秀是教出來的，優秀也可以是遊出來的。

前年，我跟一位來自西藏的生態攝影家躺在皇后鎮的湖邊看天看雲，攝影家悠悠說了一句：「生活，不是只有眼前的苟且，還有詩和遠方。」這一句話，讓我一直很感動。對孩子，我也希望能通過遊學潛移默化他們這樣的情懷。

3.遇到這些問題該怎麼辦？

在很多華裔的心裡，孩子的教育永遠是第一位的，孩子在成長的過程中總會遇到各種各樣的問題：孩子叛逆了怎麼辦？孩子不喜歡學習怎麼辦？該怎樣幫助有天分的孩子？遇到任何問題，人們第一個想到的便是張老師，對任何問題，張老師也總是給予客觀、真實的回答。

記者：對待一個天分很高的孩子，教育起來要注意些什麼？

張老師：資深教育專家一再呼籲，人類對天才所能做的是——不要扼殺天才；天才應該在適性、開放的環境中學習和成長。

對於天分很高的孩子，陪伴、支持當然比放任好，讓他們順性發

展，強迫或填鴨式的教養方式可能會壓抑潛能的發揮，必要時得尋求特殊教育專家的協助。

曾經有一個天分很高的孩子，小學3年級便自學到了11年級的數學，當時他的媽媽來跟我談孩子的教育問題，我建議她跟奧克蘭大學數學系聯繫，後來這個孩子選修了大學課程。

記者：對於資質不高的孩子，該怎麼對待？

張老師：孩子的資質不高，一般指的是對於傳統學科學習能力較差。父母不要盲目地讓孩子拼命補習。父母應該比其他人更瞭解自己的孩子，先自行評估，學習能力差的原因在哪里？讀書環境不好？學習方法不好？學習動機薄弱？欠缺鼓勵？老師面對著一群孩子，心中有一把尺，很多時候與老師諮詢之後就找到了解決方向。

哈佛大學教育研究所教授加德納（Howard Gardner）博士以「多元智慧理論」享譽「發展心理學」的領域，他的論點突破了傳統的用IQ來衡量人類智慧和能力的看法，強調人類具有八大項智慧，不適合像身高、體重、血壓或IQ那樣測出一個絕對的數字來代表智慧的高低。

孩子的資質不高，根據加德納理論，或許孩子的潛能和強項不在於傳統學科的學習。必要時父母得請教專業人士，有時候也有可能是父母自己的認知和心態問題。資質高低是相對的問題，迷信學霸才有前途的父母常常認為自己的孩子資質不高，我不能認同這種迷思和迷失。

記者：遇到孩子沉溺於打遊戲，玩手機，老師和家長應該怎樣對待？

張老師：已經沉溺於打遊戲、玩手機，確實是困難問題。首先，家長先回顧一下，過去自己用什麼心態、做法對待孩子和電子遊戲？為什麼朋友的孩子不沉溺？為什麼同一個屋簷下的大兒子不沉溺？尋找問題根源。其次禁止孩子打遊戲、玩手機，如果不可行的話，以退為進，和孩子懇談，先要求孩子逐步減少電子遊戲時間，並和孩子約定使用規範，必要時以文書簽字保證。

家裡也要安排全家人的「讀書區」，孩子的書桌、電腦、手機等離開臥室，讓臥室成為真正睡覺休息的地方。全家人一視同仁，別只針對沉溺於遊戲的孩子，讓他意識到這是家規。帶孩子出去遠程旅行或經常離家做在外住宿的短程旅行，減少孩子打遊戲、玩手機的方便性。另外，還要加強孩子的體能活動運動，培養其他的才藝興趣。增加陪伴孩子的時間，切勿一看到孩子打開電腦和手機就嘮叨或生氣，減少與孩子的言語摩擦。

在這個關鍵時刻，一定要營造與孩子溝通對話的良好氣氛。如果孩子有了進展，適度的給予鼓勵或獎勵，讓孩子感受到您的關注和認可。也要有技巧地運用同學或老師的正面影響力，尤其是那些不沉溺的同學好朋友。絕對不許孩子進出安置好升級版、遊戲速度快的網吧，密切注意孩子的用錢情況。如果情況特別嚴重時求助於心理輔導專家。

記者：您做了這麼多年教育，對於孩子的教育，有什麼心得？

張老師：世界在鉅變中，網路和電子媒體正在翻轉教育，迫使老師和父母必須調整教養的角色、方法，輕鬆做父母、老師的時代過去了。要終身學習，陪著孩子一起學習，這樣與時俱進才能勝任父母、

老師的角色。

擅長讀書考試的孩子，將來不一定最具競爭力。「素質教育」和「EQ培養」越來越重要！自學能力、創新能力、協同合作能力、職場轉彎能力四大要素決定了孩子未來的競爭力。

記者：您的教育理念是什麼？

張老師：「教育理念」的概念很廣泛，學生要快樂學習，教學應該以學生為中心，孩子是一個獨立的個體，父母不應該企圖把孩子複製成某一個人，事實上也難以辦到。除了這些，我要告訴家長朋友的是：紐西蘭大部分學習很好的學霸還是留在國內讀大學，不是只有去美國、英國留學才有遠大的前途，「平凡的幸福」比「輝煌的榮耀」更值得珍惜。

（二）就讀公立或私立中學？男校、女校或混合校？

紐西蘭有些父母總有「選校」的心理糾結，孩子即將升上Year 9，是否直接進入學區的中學？讀公立或私立學校？念男校、女校或男女混合校？如果再加上NCEA、劍橋或IB的課程考量？煩惱就更多了。其實，很多的擔憂純屬多餘，它源自於不了解或偏見。在紐西蘭，教育的公平性不存在嚴重的偏差。

1.公校或私校的教育，各具特色、意義和價值

大奧克蘭地區共有84所招收9到13年級學生的中學，State性質的公立中學佔了54所，純粹私立（Private/Independent Schools）的中學

12所，具有教會或特殊背景、由政府資助高比例經費的「整合中學」（Integrated Schools）則有18所，後者可以說是半私立、半公立性質的學校。

在紐西蘭，成功且具有影響力的政治人物、專業人士、學者或企業家，學生時代大部分就讀於公立學校。和英國、美國非常不同的是，紐西蘭不存在教育實力驚人、壟斷大學入學名額的貴族式菁英寄宿中學。這裡沒有升大學高考，高中畢業生憑著成績即可入讀「申請門檻不高」的紐西蘭8所大學（附註：紐西蘭的大學教育採取「寬進嚴出」政策）。因此，父母們對於孩子在中小學階段的學校選擇困擾不大，住家附近的學區學校通常就是第一選擇。

紐西蘭中學大部分是政府資助的公立學校，其學校聲譽、硬體資源與私立中學差異不大，一樣擁有很多優秀的老師。這個國家以平等的普及教育為主流，只要具有公民或移民身分，適齡學生都有入讀學區公立中小學的權利。由於入學前的學術水平和教養背景本來就參差不齊，公立中學學生在素質上的個別差異較大。都會區的公校如果班級人數偏高，其教學、管理和輔導都有一些難度，導致學習風氣、校園氛圍無法與優質的私校相提並論。

紐西蘭純粹的「私立中學」所佔比例不大，大部分位於都會區。這些具考選入學程序的私立學校，學生的平均綜合素質較優，家長的社經背景和教育關注度較高，小班制更有利於實施高質量的教學，老師也能針對性地兼顧學生的個別差異和需求，學生的整體表現較佳。問題是，每年紐幣兩萬元以上的學費不是一般家庭承受得起的。

很多私立中學的前身或現在隸屬於教會系統、宗教團體，目前已

經接受政府的資助而成為「整合中學」型式，沒有學區限制，本地學生每年繳交紐幣三千到六千元即可入讀。這些學校依然維持本身的特色，例如天主教學校保留了宗教儀式和天主教教義課程。研究顯示，這些「整合中學」的教育績效是超值的，許多學校每年都有一長串學生排列在等待入學的候補名單上。

有些公立學校因為學區內的家庭較富裕，加上優良傳統校風、校長領導有方，一樣培養出了許多拔尖學子。有些公立學校則因學區內居民的弱勢社經背景，歐裔或亞裔學生人數明顯偏低，學術表現顯然較弱，但一部分學生卻在運動、藝術、設計等方面表現出色。

整體來看，紐西蘭全國不論是城市或鄉村、公立或私立，學校之間的教育品質差距不大。孩子就讀公立學校，與來自各階層家庭的孩子一起學習，可以體驗人生百態，認識真實的社會和人生。如果從小學到中學一路念學費昂貴的私校，長期的同質性環境有利有弊。家長應該依經濟條件、孩子的學習情況來選擇學校。有錢，您擁有較靈活的選擇；沒錢，就讓「家庭教育」發揮更積極的影響吧！

2. 念男校、女校或混合校？一個見仁見智的議題

大奧克蘭地區的84所中學，純女校、純男校、混合校分別是11、10、62所。King's College較特殊，前三年都是男生而僅在Year 12~13的最後兩年兼收女生。

紐西蘭人以英國的後裔居多，教育方面承襲了濃濃的英國風。傳統上，英國單一性別的男校女校大多屬於私立或文法學校（Grammar School），原來僅供皇室貴族或豪門子弟就讀，伊頓公學（男校）和

羅丁女校就是最著名的例子,後來這些學校逐漸面向整個英國社會招生,19世紀末英國終於出現了第一所男女混合的寄宿中學。至今仍有許多英國父母傾向於把子女送到男校或女校,他們認為從教育品質到文化氛圍,男校和女校都能提供更優質的資源和環境。

設置單一性別學校的主要考量如下:第一,男孩女孩的生理結構、心理發展存在先天的差異,單性別學校在學術課程設計、體育運動安排、才藝或興趣的培養與發展等成效較高。第二,孩子在青春期階段就讀單性別學校,有益於學生把精力放在各自喜歡的學科和課外興趣上面,同時避免不必要的早戀或早期性行為的發生。第三,男校可以加強學生獨立自主和領導能力的培養,期待學生將來能成為更有能力和魅力的男性;女校可以針對女生在生理、心理方面的發展,培養在時代潮流中更加出眾的女性氣質、溝通能力,同時養成有別於男性的領導風格。

英國倫敦大學教育研究所有個單位叫做「長期追蹤研究中心(Centre for Longitudinal Studies, Institute of Education, London)」,其研究小組對1958年出生的13,000名英國人進行調查研究,試圖找出「單性別學校教育」對學生一生的影響。令人震驚的調查結果是,純男校畢業的男生到42歲時有37%已經離婚了,同齡且畢業於男女混合校的男生,其離婚率是28%。主持這一項調查研究的Dr. Alice Sullivan說:「來自單一性別學校的男生,成年後在維持與異性關係的方面,存在困難的可能性較大。」

奧克蘭有一所天主教背景的男校校長表示,青春期的女孩比同齡男孩在心理成熟度方面平均超過1~2年,男生則精力特別旺盛。他的

學校有最大的運動操場、游泳池、拳擊館、各類室內球場……，他很享受（Enjoy）在純男校的教育工作。

單一性別學校和男女混合校，何者對於孩子成長的影響較為正面？全世界的教育專家、心理學家和社會學家始終爭論不休。當今資訊發達且社會風氣開放，單一性別學校的老師、職員也不是單一性別，學生與異性交往的機會絕對不缺，男校女校不會形成單一性別的環境。在紐西蘭，除非是寄宿學校，學生每天待在學校就那麼短短幾個小時。最好就讀男校、女校或混合校？已經不是一個值得傷腦筋的議題！

（三）中學五年，飛揚的青春，生命中的轉捩點

1.成就這個男孩的關鍵時刻，就在中學五年

我喜歡這個孩子的成長故事。小男孩剛從福州的小學畢業，舉家移民來到紐西蘭，他隨即銜接就讀8年級下半年。創業初期，父母工作繁忙，住家與公司在一起，父親大辦公室的一角就是男孩的書房。有一天，父親告訴男孩：「兒子，你距離上大學還有5年半的時間。從現在起，你痛快5年，你就痛苦一輩子；你痛苦5年，你會痛快一輩子。」

半年之後，男孩升上住家附近的學區公立中學。他每天走路上學，努力學習，也活躍於學校的多個社團，痛苦嗎？不可能！父母親對他從不嘮叨囉嗦，偶而瞄到男孩正玩著電腦遊戲，誒！不超過半小

時就下線了，隨他去吧！13年級時男孩遠赴維也納參加「國際青年物理學家錦標賽」，為國家代表隊勇奪金牌。來到紐西蘭的5年半之後，男孩以優秀的成績從中學畢業。

在奧克蘭大學讀了半年，男孩轉往美國洛杉磯入讀名校UCLA。他依然努力學習，大二暑假時前往舊金山矽谷的Facebook實習，傑出的工作表現獲得上司青睞，這家全球著名的高科技公司立即與他簽訂了一紙近15萬美元年薪起跳的工作聘約，外加一筆高額獎學金。男孩用三年時間修完了四年繁重的工程專業課程，以優異的成績從UCLA提前畢業。

按著興趣、能力和才華順性發展，男孩進入職場了，他開心地走在自己選擇的人生路上。男孩的成長故事為「中學五年是關鍵」做了最佳的見證。

抱歉！不應該再稱呼他「男孩」了，因為，他曾經勉勵從福州故鄉前來中學母校留學的堂弟：「在Auckland Grammar School，你是一個Man而不是一個Boy！」

2.騷動的青春期，蘊藏著無限的契機

紐西蘭從小學開始到上大學之前的6、2、5學制，中學之前的兩年為Intermediate School，NZQA曾經把它翻譯成「高小」。Year 7到Year 13的年齡段與「人類發展學」所謂的「青春期（Adolescence）」非常吻合，Intermediate這個字的原意是「中間的」，「高小」兩年恰好是告別兒童期、進入青春期的過渡性時期。中學五年則是孩子成長過程中呈現「青春期變化」的最典型時期。

青少年時期即青春期，英文的Adolescence源自拉丁語Adolescere，意指「成長（Grow up）、生長至成熟（Come to maturity）、成長至成熟期（Grow into adulthood）」。因此，青春期是兒童期至成人期中間的成長過渡階段，它是人生當中最騷動不安的時期，大部分青少年在生理、心理、情感和社會能力的方方面面都處於翻天覆地的變化之中。

青春期是孩子體型身高、生理變化的生長高峰期，一般人卻經常忽略了青春期的心理變化。這個時期的青少年獨立意識轉強、反叛情緒出現、情緒多變不穩定、想擺脫父母監管、結交夥伴形成小群體，有些青少年會非常留意自我形象。在性心理上，通常從青春早期的困惑、不安、害羞、疏遠異性，青春中期之後則開始對異性轉為好感，喜歡與異性朋友交往，甚至出現性幻想、渴望戀愛。

進入青春期，孩子們似乎開竅了，他們的記憶力明顯增強，對事物之間的聯想和聯繫能力提高了，對於複雜事務的處理能力明顯改善，在學習和生活方面也發展出不同於以往的自我管理能力。他們的抽象思維能力不斷增加，更令人驚奇的是，有些青少年會顯現特殊才能，甚至展示出成為科學家、音樂家、政治家、畫家、詩人或作家的跡象。為什麼？有一本書試圖為我們解開謎團。

美國康乃爾大學人類發展學教授Valerie Reyna寫了一本《青少年的大腦：學習、推理與決策》，探討青少年的大腦與高等認知發展。作者指出，青少年的大腦正經歷巨大的轉變，在二十多歲之前，其形態、造影顯像或實際運作方式都與成年人有所不同。

一個人解決問題、產生新見解的能力，決定於大腦高等認知發展

的情況。Valerie Reyna認為青少年的認知技巧處於一生中的高峰期，卻經常無法在日常生活決策中善加運用。她指出，年輕人學習、推理、決策的方式和能力有辦法獲得改變，我們不能老是要求青少年死背強記，這將傷害他們在認知技巧上的發展。她認為，「高等認知發展」是一個人未來競爭力的關鍵基礎。

兒童期之前，孩子們的認知、能力、價值觀侷限於自己的經歷和感覺，他們的很多觀點來自於父母或老師。青春期是一個分水嶺，孩子們越來越多的思想、決策來自於自己，他們學著開始「自我統合」，自己把與己身有關的多個層面統合起來，形成一個自己覺得協調一致的自我整體。這是個自我摸索、嘗試的時期，青少年可能有許多困惑，例如我是誰、未來何去何從、如何才能達成目的等等，如果他們找不到明確的認同感，可能會出現角色混淆的現象。

青春期，一個人成長過程中可塑性最高的時期，孩子需要適度的陪伴、支持和關懷。青少年教育如果做得正確而到位，其實，青春期蘊藏著無限的契機。

3.Year 9~Year 13，關鍵的十字路口

每一所中學都編印了適合自己學校情況的「選課和學習指引手冊」，也見之於學校網頁，而且是按年級、科目詳細介紹。為了讓9、10年級的學生廣泛認識各學科，以做為11~13年級選課的參考，Year 9~10沒有太大的自由選課空間。如果還有選課方面的困擾，應該求助於學校的相關老師。至於NCEA、劍橋、IB課程方面的問題，請參考本書Chapter 3 二~四之Year 11~13課程介紹。

西方的教育體制裡，社團活動是中學教育中非常重要的一環。專家的研究指出，擔任過社團幹部、積極參與社團活動的學生，經由課外實踐的鍛鍊，孩子對於自我認識及個人努力目標會有較明確的方向，團隊協作和解決問題的能力也較強，這些都是綜合素質的體現。

中學的學習成果決定了未來的大學和專業選擇，影響及於人生的大方向。紐西蘭的中學長達五年，以前學習不佳者只要努力得法，還有補救機會。Year 9~Year 13是孩子人生的十字路口，也是孩子生命中最關鍵、最重要的一個轉捩點。

（四）UMAT，紐西蘭和澳洲醫學院共同的入學標準考試

1.紐西蘭學生的醫學人生之路

紐西蘭只有兩所大學培養醫師、一所大學培養牙醫師，高中畢業生必須通過大學一年級的「醫學預科」之後才有機會入讀臨床醫學、牙醫課程。

奧克蘭大學的「醫學預科」是生物醫學系（Biomedical Science）和健康科學系（Health Sciences），Otago大學則為健康科學系（Health Sciences）。奧克蘭大學醫學系（大二起5年）按大一學科GPA（60%）、UMAT（15%）、面試（25%）遴選醫學生。多年來Otago大學醫學系錄取醫學生以GPA占2/3、UMAT占1/3為評分依據而無面試，其全國唯一的牙醫系則將面試成績列入評比依據。

大一升大二醫學系、牙醫系未能如願的學生，大部分繼續就讀原來科系，少部分則轉讀其他專業。Otago學生在大二結束可以再申請一次牙醫系。第三年畢業後自認為GPA成績有競爭力者，還有一次機會再申請奧克蘭大學醫學系，或同時申請Otago大學醫學系、牙醫系。兩所大學皆未開設專門的「學士後醫學系」，通過此一管道申請者仍需要效期內的UMAT考試成績，但不必提交GAMSAT測驗成績，錄取者視同一般醫學生從大二讀起。

澳洲目前有19所大學設有醫學系或牙醫系，高中畢業入讀和「學士後醫學系」雙軌進行，且為各自獨立的教學系統。學士後醫學、牙醫系招生時要求提交GAMSAT測驗成績以替代UMAT成績。很多紐西蘭高中畢業生獲澳洲醫學系、牙醫系錄取後選擇即刻前往就讀，他們不願意再經歷奧大或Otago一年醫學預科且超高度競爭的煎熬。也有很多努力不懈、堅持理想的紐西蘭孩子，大學畢業後獲澳洲「學士後醫學系」錄取而圓了醫學人生之夢。

2.UMAT相當於紐西蘭和澳洲的「醫學系牙醫系高考」

UMAT是Undergraduate Medicine and Health Sciences Admission Test的縮寫，這是一種測試學生語文（英語）、推理能力和性向的標準化測驗，主辦單位是設在Melbourne的ACER（Australian Council for Educational Research），這個獨立的國家級研究發展組織是由許多大學聯合組成。

ACER在每年的四月份開始受理UMAT考試的註冊報名，中學最後一年或以上的學生才具備應考資格。考生得自己進入ACER網站填

寫個人資料、安排付費方式，且必須在規定期限內完成註冊登記，錯過了就得再等一年。UMAT考試通常在每年七月的最後一個星期三舉行，一年只考一次；九月下旬，考生可以進入ACER網站的個人帳戶查看成績。

ACER公佈的2015年考試日期是7月29日（星期三），依2012年三月份發佈的最新規定，UMAT成績的有效期從兩年縮短成一年。例如，2015年的UMAT考試成績只能使用於申請2016年開學的醫學相關科系。

UMAT試題皆為四選一或五選一的選擇題型式，試題內容分為三大類：

1. 邏輯推理和解決問題（Logical Reasoning and Problem Solving。48題，答題時間70分鐘）

2. 對人的理解（Understanding People，頗具文化、倫理、性向之認知。44題，答題時間55分鐘）

3. 非文字空間推理、圖像類比（Non-verbal Reasoning。42題，答題時間55分鐘）

2013年之後，試題編排方式大改變，三大類內容的試題混合編成三個部分，第一到第三部分各分配到45、45、44題，總題數134題。每一份試卷的內容相同，依題序不同而有多個試卷版本，以杜絕考試舞弊的可能性。全程測驗時間長達3小時，中間無休息時間，考生要做好生理調節，進場前勿大量喝水，上衛生間的時候需要由考官陪同。ACER建議考生至少在考試開始前1個小時到達考場，以方便考生的報到登記作業。

UMAT成績的重要性和採計比例依紐西蘭、澳洲各大學、科系的要求而各異，其比例在隔年也可能修改。三大類內容的每一類都會算出個別得分，有些大學對某一類設定了個別門檻或加重計分。

3.考好UMAT，英文程度和邏輯推理能力是關鍵

英文閱讀理解能力、邏輯推理能力、空間概念和圖像類比能力決定了學生在UMAT考試的表現。個人主持UMAT考試的輔導課程多年，發現UMAT考試似乎參考自美國的SAT測驗，我曾見過與美國法學院申請LSAT標準考試試題相似的UMAT真題。

UMAT要考出好成績，英文程度、閱讀速度、閱讀技巧、單字量、分析性閱讀能力絕對是關鍵。好的英文能力像一把鑰匙，需要它，才能打開機會和成功之門。想想看，如果連題目都看不明白、看不完，您有再好的邏輯推理能力、再怎麼符合醫學院要求的「認知」和「性向」，也難以考出好成績。

學生答卷之前應該先看清楚答題說明，如果和往年一樣地「答錯不倒扣」，請勿留空白！時間緊迫而來不及思考選答的題目總可以賭一賭、猜一猜吧！務必使用規定的2號或HB鉛筆在答案卡上塗畫空格，只在試題卷上圈答是無效的。試卷的三個部份一定得依規定在正確的時段內答題，考生不能跳躍時段提前做答下一個部份或回頭檢視上一個部份，犯此錯誤者視同考場違規。

Year 13的紐西蘭中學生有資格參加UMAT考試，應該把握時機參加，以爭取申請澳洲醫學系的機會。如果在Year 13時經歷過UMAT的輔導和考試，在紐西蘭讀大一時的UMAT考試將具備優勢，可以有更

多時間去提升大一學科的GPA。UMAT成績的有效期只有一年,「策略運用」的契機依舊在!

　　語言的學習需要假以時日,無法速成。孩子有志學醫,一定要從小就徹底打好英文的閱讀理解功底。在移民社會,改善孩子的英文,可以改變他的一生,UMAT考試就是最佳的見證!

二、NCEA課程與學制
（Year11~13）

（一）國家教育成績證書（NCEA），紐西蘭獨創的
教育品牌

1.NCEA，它在現行紐西蘭學制中的角色如何？

紐西蘭的教育制度，大學之前分為幼兒園（Kindergarten）、小學（Primary）、高小（Intermediate）、中學（College）四個階段。兒童滿5歲那一天即可中途入讀小學，正式成為Year 1的學生。Year 7、Year 8兩年「高小」為小學到中學之間的過渡期，意義上仍然屬於小學階段，所以有少數Primary School的學年跨1到8年級。大部分紐西蘭的中學以College稱呼，儘管College在美國指的是學院或大學；有些紐西蘭的中學則以High School、Grammar School或Secondary School命名。

NCEA是National Certificate of Educational Achievement的簡稱，中文稱為「國家教育成績證書」或「教育成就國家證書」。2002年起，紐西蘭逐年停止從Year 11到Year 13的全國性會考，當年紐西蘭中學的Year 11開始實施NCEA課程及其成績考核制度。之後，學生從Year 11到Year 13，依序通過學分考核並獲頒Level 1、Level 2、Level 3的正式學歷證書。

全紐西蘭近500所中學，約90%採用這種課程和考試制度。從NCEA字面上的直接意義來看，它是一份國家認證的學歷證書，實際上它也是紐西蘭獨創的一個教育品牌，指的是紐西蘭中學最後三年的課程標準和考試制度。當然，在教育自由化程度很高的紐西蘭，NCEA並非學生們藉以進入大學的唯一課程選擇。

2.風雨與波折中，NCEA制度繼續向前行

2001年，Auckland Grammar School（奧克蘭文法中學，以下以AGS簡稱之）趕在NCEA全面實施之前，率先引進了具有國際學歷資格的CIE劍橋課程。2002年起，NCEA第一級（Level 1）課程在紐西蘭的中學全面展開，做為領頭羊之一的公立學校，AGS不能全面排斥NCEA，該校選擇了CIE劍橋課程與NCEA並行的雙軌制。有些私立學校堅持全面採行CIE劍橋課程，ACG和King's等私校變成了這一波課程改革的獲益者，幾所實施IB課程的私立學校也趁機迅速崛起。

全國仿效AGS雙軌制的公私立中學越來越多，AGS前校長John Morris先生與支持NCEA制度的校長們對於NCEA的論戰未曾停止過。2011年起，AGS抗拒輿論和教育官員的壓力，悍然開放讓Year 11的學生自由選擇IGCSE（CIE劍橋第一年課程）或NCEA，90%以上的學生選擇了IGCSE課程。

雖然John Morris先生多次舉證說明：「CIE劍橋課程比NCEA更適合大多數的男孩子們。」紐西蘭全國捍衛NCEA制度的校長、老師和教育官員仍不在少數。迫於學區制無法篩選學生的現實情況，AGS還是讓不少學生在Year 12起回到NCEA系統，這些學生的大部分科目

從Level 2讀起，升學或獲得及格證書必備學分的門檻性質學科則選讀NCEA Level 1課程。

NCEA與IB雙軌課程的學校也出現了，另一所向來強力支持NCEA的女校立即跟進，該校校長還曾經親自前往哈佛、耶魯、牛津、劍橋等多所大學為NECA課程展開遊說工作呢！

紐西蘭教育研究委員會（NZCER）2011年出版的《Understanding NCEA》一書指出：「對於缺乏明確目標、良好諮詢和審慎計劃的學生們，NCEA制度的複雜性和彈性變成了一個陷阱。」原文中明白使用了「Trap（陷阱）」這個字。

儘管最近有參加大選的政黨提出「廢除NCEA制度」的訴求，以我對NCEA、劍橋、IB課程和許多國家中學課程的了解，2015年，NCEA制度不但邁入了第14年，而且還有好長的路要走。世界上找不到絕對好或絕對不好的制度，NCEA確實有許多可取之處，在沒有通盤可行的替代方案之前，豈能輕易談廢！

3.NCEA成績被世界各國或頂尖學校認可嗎？

多年前，一位St Kentigen的國際學生持NCEA成績獲耶魯大學錄取；另一位Rangitoto的男孩持NCEA成績被美國多所著名的大學和文理學院同時錄取；兩年前，一位St Cuthbert's的女孩持NCEA成績入讀哈佛；紐西蘭NCEA制中學畢業生獲牛津、劍橋錄取的也時有所聞。這些事實已經回答了NCEA成績是否被認可的質疑。

雖然NCEA成績少了尖銳的評比，也不容易據以細膩地將成績排序。但是，一套Level 1到Level 3的成績單，年年科科都是Achieved with Excellence的註記，加上符合要求、足已展示多元學習能力的選讀學科，它依然是一份亮麗的成績單。如果提交CIE劍橋或IB成績申請國外的大學，招生官一眼就能看出申請人的學業水平在哪裡，除非學習拔尖，否則反而自曝其短。有一所常春藤盟校的招生官曾經表示，申請者因學業成績因素而遭到拒絕的不及15%，這些學校非常重視申請者的綜合素質。多年來的觀察，學生申請國外大學的時候，學業成績的部分，念得好不好、選課及課程難度比提交的是NCEA、CIE或IB成績更重要。

我認識的一位中學校長退休後獲聘前往中東地區創辦了一所NCEA中學，看來，NCEA成績被世界各國或頂尖學校認可嗎？似乎變成了一個多餘的問題。

4.從紐西蘭的文化角度反思NCEA制度

NZQA（紐西蘭學歷評估委員會）編印的參考指南顯示，紐西蘭學生完成NCEA的課程和評鑑後，四種目標是就業、證書、專科學校、大學本科，看起來似乎不夠宏觀遠大。

我偶而從文化的角度反思NCEA制度，為什麼有那麼多校長、老師或Kiwi家長無怨無悔地支持NCEA制度？紐西蘭人普遍尊重弱勢、崇尚平等、樂天知足，凡事過得去就OK了，政府提供怎樣的教育制度，跟隨它吧！何必太傷腦筋！紐西蘭人生活在蒙上帝祝福的人間淨土上，什麼常春藤名校？紐約或倫敦誰是世界第一的金融中心與我何干？天天不缺葡萄酒、啤酒或咖啡斯可矣！

很多紐西蘭人活在當下、樂在其中而自我感覺良好，這是一種生

活哲學，您能說他們不對或不好嗎？這個世界邊緣的小國家也有許多獨特或令人刮目相看之處，All Blacks那種寸土必爭、奮戰到底的精神就足以令人動容。

（二）NCEA的學歷地位、特色、架構、選課、跳級處置

1.NCEA的學歷地位、特色和架構

欲真正了解NCEA，有些縮寫代碼一定得先弄個清楚。NZQF（New Zealand Qualifications Framework）是「紐西蘭學歷評估架構」，它是由NZQA（New Zealand Qualifications Authority，紐西蘭學歷評估委員會）負責、管理的一個項目，NCEA就是NZQF裡針對中學最後三年界定其教育成績、學歷資格的依據。

NCEA的「課程規劃」和「學習成果考核」，其主要特色如下：

第一，開設的學科特別多。每年從11月初到12月初，屬於外部評估的全國統一考試（External Assessment）長達三個多星期，Level 1、Level 2、Level 3各有28~35個考試科目，一些僅由校內老師評分而不需要全國統一考試的學科還不計算在內。大部分學校的選課單上，每一個Level列出的備選學科數目高達30~45。

第二，開設之學科又分為Achievement Standards（成就標準）和Unit Standards（單一標準）兩大類，前者源自紐西蘭課程標準，成績考核分成Not Achieved（不及格，N）、Achieved（及格，A）、Merit

（優，M）、Excellence（特優，E）四個等級。Unit Standards源自酒店管理、應用科學、商業管理等職場資格認證概念，側重於基本能力檢定，最後的成績僅分為Achieved（及格，A）和Not Achieved（不及格，N）兩種。如果學生將來預備就讀大學本科，應該要選擇以Achievement Standards為主的學科。

第三，NCEA的課程設計和成績評定採用了大學通用的「學分制」。各學科依內容細分為多個Standards（通常約4~10個Standards單元），每一個Standard單元有一個Code Number（課程編碼），通常每一個Code Number擁有2~6個學分（Credits）。大部分的Achievement Standards科目，該科所有的Standards都通過時可以獲得24個學分；有些Unit Standards的單科滿學分數則高達30以上。

第四，每一個學科，適合以試卷進行筆試的Standards單元，在學年末的Term 4時由全國統一考試、集中閱卷來評定成績，此即External Assessment（外部評估）。涉及實驗、臨場操作表現、技能、態度或作品（Portfolios）評分的Standards單元，由本校任課老師依預訂的標準進行Internal Assessment（內部評估）。也有一些科目的作品必須按時提交，參與全國統一標準的External Assessment（外部評估）。

第五，NCEA的成績考核屬於Standards based，學生的表現達到一個預先設定的標準（A set standard）即通過，不考慮其他學生的表現如何。如果是Achievement Standards的學科，依預訂的評分標準，通過者分別獲得及格（A）、優（M）或特優（E）的評價。也就是說，與傳統的考試不同，它不是精確地計算實得分數，也不是依學生的得分去估算百分率排名。

2.NCEA選課，決定人生走向的重要因素

由於NCEA的複雜性和彈性，最遲在Year 10的這一年，家長和孩子們就應該設法了解NCEA。在Year 10之前，除非跳級選科，學生並未進入NCEA系統。學生在Year 10的第三或第四學期時，學校會提供下學年的課程指引和NCEA學科資料，詳列選課規定，包括必修科目、選修科目、總數修幾科、如何避免選課衝堂等。在NCEA制度的規範下，各校之間的選課規定不盡相同。

Year 10學生第一次面對進入NCEA系統的選課，家長們務必要關心、協助，因為Year 11的學習將影響到Year 12的選課，Year 12的表現又決定了Year 13的選課，Year 13的成績同時是大學申請和專業選擇的重要依據。家長必須督促孩子在規定的期限前繳交選課表，否則可能得任由學校排入還有缺額的科目和班級。Year 11、Year 12的學生都必須在第四學期完成下一個學年的選課。

很多NCEA課程學校規定學生在Year 11、Year 12時各選讀六科，Year 13時減為五科，學校希望學生把在校時間填滿，盡量不讓學生留下空堂在校園裡晃蕩。在NCEA每一學年開始時，家長必須注意，您的孩子是否進入了正確的、與期待相符的選課班級，只看學科名稱中有Mathematics、English字樣是不一定準確的。如果孩子的學習很好，誤選了課程偏向Practical（實用）、Applied（應用）的較簡易學科，必須在開學時立即要求調整。NCEA課程中有許多適合高中畢業即就業，或為了進入技職學院做準備的學科，其名稱在選課時常常造成混淆。

多數華人孩子普遍青睞基礎性、學術性較強的英文、數學、物理、化學、生物、歷史、地理、經濟、會計、古典研究等主流學科。如何搭配選課？學校通常已經確定了2~4個Year 11的必修科目，學生只能根據自己的興趣、能力、大學專業傾向補足到六科。最好在為Year 11選課時就關注大學的官方網頁或Prospectus介紹，裡頭詳列有各種專業或科系的入學條件、門檻，如果等到即將進入Year 13時再調整選課往往就來不及了。

3. NCEA系統的彈性和跳級處置

NCEA系統的選課彈性非常大，跳級選課、混合不同級別課程在一個學年內是司空見慣的事情，最後的成績都累計登錄到學生個人獨有的National Student Number（NSN）帳戶內。

能不能繼續選讀原來的科目或跳級到更高級別的課程，學校老師或Dean通常擁有認定的權限。學生並非拿到了Level 1或Level 2的合格證書，下一個年度就一定可以延續前一年的選讀科目，不同學校設定了不同的Subject Pass。例如，有些中學規定，Level 2的物理，至少要通過12個學分，下一年度才能選讀Level 3的物理，其他學校則可能設定更高的Subject Pass門檻到16學分。

有些學生在Year 10時已經有部分學科或全部學科跳級進入NCEA Level 1課程。經由測試，老師如果認定學生的某些學科資賦優異，甚至可以允許學生跳過Level 1，直接進入Level 2課程。各學科的課程架構有其連貫性和完整性，針對跳過的課程，應該鼓勵孩子以自學、加速的方式完成，以免留下學習的「缺口」。

（三）NCEA成績解讀、GSM評分規則、Level通過門檻

1.NCEA以學分和NAME概念呈現成績

不必等到學年結束，學生隨時可以進入NZQA網站，憑著NSN號碼和密碼登入自己的成績帳戶，查閱最新的成績累計狀況。家長要看懂NCEA的成績報告，可能得預先做好功課，了解許多專有名詞。如果期待看到孩子的每一個科目得幾分、班上的排名如何，您可能會非常失望，尤其那一堆個人成績分析的統計圖表常常讓人恍如墜入五里霧中。

NCEA的成績報告不會顯示實得分數或GPA，最前面的成績摘要總結部分，假如看到"National Certificate of Educational Achievement（Level 2）"，表示學生已經通過了NCEA Level 2；如果在"（Level 2）"的後面跟著"achieved with merit"，表示學生不但通過Level 2，而且獲得了優等（merit）成績。

在Course Endorsements（單一學科認證）部分，某一個學科得以被認定為Excellence（特優），該學科至少要有14個學分達到Excellence，而且，其中至少各有3個學分分別來自外部評估和內部評估；"Endorsed with merit"的認定方式亦然。例如，Physics後面有"Endorsed with excellence at Level 2"字樣，恭喜！這個學生的Level 2物理獲得了特優（excellence）成績。

NAME代表Not achieved、Achieved、Merit、Excellence四個詞的第一個字母，N代表「不及格」，A表示Satisfactory Performance（尚稱滿意的表現），M表示Very Good（很好、優），E代表Outstanding（傑出、特優），這是NCEA最基本的等第（Grade）區分方式，其思維從試題答案評分、單一學科認定貫穿到整個Level成績評估。每一個Standard單元，A、M、E所獲得的學分數皆相同。

2. 認識GSM，看懂孩子的External Assessment試卷評分

2011年NZQA為Achievement Standards的外部評估考試引入了Grade Score Marking（GSM）評分規則，2013年起三個Level全面實施。評分方式是，一個題目的答題內容按N0、N1、N2、A3、A4、M5、M6、E7、E8的9個檔次標準給分，即使是數學題，最後算出來的答案不對也能得分，留空白或全然答非所問得N0，不及格檔次的作答也可能得到1分（N1）或2分（N2），……，M也分為M5（lower merit）、M6（upper merit）……，以此類推，每一個Grade（等第）又更明確地分為lower和upper兩部分。

資深閱卷老師將參酌大量試題樣本和試題難度，事先為這一份試題訂下"Cut Scores"（分數區隔界線）。假設這一份試卷的Achieved Range 7~13、Merit Range 14~19、Excellence Range 20~24，那麼，6、7、13、14、19、20都是"Cut Scores"。如果Peter某一科的某一個Standard單元，其期末全國統一考試的試卷共有三道題目，Peter的得分分別是M5、A4、E7，他在這個滿分24的Standard單元獲得了M5＋A4＋E7＝16分。如果這個Standard單元具有3個學分（Credits），Peter

的GSM總和是16分，他在這個Standard單元的最後成績是Merit，同時獲得了3個學分。

NCEA是全球中學資格考試制度中，唯一把評分完畢的試卷寄還給學生核對者。閱卷老師對於留空白的答案欄一定會畫上一條大槓，對於評分有疑義、分數總和不正確、遺漏評分、試卷上的評分結果與NZQA成績帳戶登錄不符等等，學生可以填寫隨附的申請表並寄回試卷要求重閱。但是，用鉛筆書寫或使用修正液改正的部分則喪失了重新評閱的機會。

我不厭其煩地解釋「如何解讀成績」，盼望家長可以依據這樣的理解幫孩子核對一下寄回的試卷。考過了，學習就結束了嗎？不！考試也是孩子了解自己、揪出問題的途徑之一。為什麼考不好？粗心大意？讀書不求甚解？答題技巧不好？寫卷子的態度草率馬虎？一起檢討試卷，更有助於家長朋友們弄清楚孩子學習上的癥結何在。

3.NCEA Level的通過門檻新規定

從2012年開始，獲得NCEA Level 1證書的條件是：至少通過80個Level 1（或更高的Level 2、 Level 3）學分，其中必須含有10 Numeracy Credits和10 Literacy Credits，後者代表學生具備了基本的數學運算能力和語文素養。

要獲得NCEA Level 2證書，至少必須通過60個Level 2（或更高的Level 3）學分，外加其他20個任何等級的學分；這20個學分也可以是前一年已經獲得的Level 1學分。另一個必備條件是「已獲得的學分中包含了Level 1（或以上）的Numeracy和Literacy學分各10個」。

獲得NCEA Level 3證書的門檻是：至少通過60個Level 3（或更高等級的）學分，外加其他20個Level 2（或更高等級）的學分，這20個學分也可以是「先前已經獲得」的Level 2學分。從2014年起，National Certificate of Educational Achievement（Level 3）也必須滿足「具有Level 1（或以上）的Numeracy和Literacy各10個學分」。當然，10個Numeracy、Literacy學分可以是先前已經獲得的，不一定要在Level 3這一年課程中通過的才能算進去。

《Literacy and Numeracy》條款中，10 Literacy Credits不一定要來自英文、歷史、地理、經濟、藝術史、古典研究、社會研究、媒體研究、宗教研究、體育、音樂、生物等學科的某些Standard單元學分都可抵充Literacy Credits。10 Numeracy Credits也可以來自科學、物理、化學、會計、體育（PE）等學科的某些Standard單元，請參閱NZQA網頁的《Spreadsheet of literacy/numeracy achievement standards》。

學生要獲得NCEA的級別證書不難。但是，現在的級別證書還會註記achieved with merit、achieved with excellence，這個區分高下的標記就不能輕忽了。每一個Level要獲得achieved with merit，至少要有50個該Level（或以上）的學分達到Merit或Excellence，以此類推。例如，John獲得了96個Level 3的Credits（學分），其中52個Excellence、32個Merit、12個Achieved，那麼，John的成績總評就是"National Certificate of Educational Achievement（Level 3）achieved with excellence"。

（四）NCEA的升大學門檻（University Entrance）

1.2014年起實施新的UE標準，門檻提高了！

NCEA入讀大學的門檻（University Entrance）簡稱UE。NZQA在2011年公布了新的UE標準，2012年入讀NCEA Year 11的學生將在2014年按照新的UE標準申請大學。本文僅討論紐西蘭學士學位（Bachelor Degree）課程的UE最新規定，Certificate（證書）或Diploma（文憑，相當於專科）課程的入學標準較低且彈性大，也不是大多數華人學生的期待，不在本文的敘述範圍內。

NZQA為最新的UE條列出四大條件：第一，必須通過NCEA Level 3的及格確認；第二，至少有三個Level 3學科各獲得14個學分（或以上），這三個學科必須屬於NZQA的"Approved Subjects"（認可科目，見NZQA官網之"Approved subjects for University Entrance"，目前多達49科）；第三，Literacy（語文基本素養），至少獲得10個NCEA Level 2（或以上）之學分，其中5個為Reading（閱讀）、5個為Writing（寫作）；第四，Numeracy（數學運算基本能力），至少獲得10個NCEA Level 1（或以上）之學分，此學分可來自Achievement Standards課程中的數學或其他相關學科，也可以來自Unit Standards中的Package of three numeracy unit standards（課程之Code number為26623, 26626, 26627，三者缺一不可）。

正常學習的情況下，要達成UE門檻的四個條件並不難，但是，

別以為拿到NCEA Level 3合格證書就穩當取得UE資格！姑且稱第二條件為「三學科必備14學分條款」吧！它規定獲得Level 3證書的60個Level 3學分中，至少有42學分必須來自三個學科，這三個學科中的每一科至少都要獲得14學分。顯然，第二條件的目的是：要求學生慎重選課，選了就不能過度偏科學習。例如，Helen五個Level 3學科獲得的學分數如下：英文24、歷史24、會計13、化學12、生物13，雖然Helen獲得了NCEA Level 3證書，她在UE的第二條件卻失敗了，原因在於選科不當、學習偏科或不夠努力。

2.欲選讀熱門專業，如何計算排序積分（Rank Score）

過了UE門檻僅僅是獲得了「大學學士學位課程」的申請資格，很多大學科系設定了錄取人數的上限，特別是與醫學、工程、電腦或法律方面相關的熱門專業，學生過了UE門檻還不一定進得去，申請人必須參與「學分換算成積分」後的排序（Ranking）以爭取入學資格。

NCEA的Grade，Excellence、Merit、Achieved的每1學分可以分別獲得4、3、2分（Points）。如何計算Rank Score呢？NCEA課程學生最多可以從五個Level 3學科中挑出最佳的80個學分，每科最多採計24個學分，換算成Rank Score參與排序，前幾年提前通過的Level 3學分也可以參與累計。

假設Mary的NCEA Level 3學科成績如下：

學科	S.T.	E	M	A	採計之Points（分數）	Rank Score
英文	AS & US	6	6	16*	6×4＋6×3＋12*×2	66
歷史	AS	8		10	8×4＋10×2	52
物理	AS	8	12	4	8×4＋12×3＋4×2	76
微積分	AS	4	3	8**	4×4＋3×3	25
統計學	AS		7	10**	7×3	21
經濟學	AS			6***	不予採計	不予採計

Mary之成績及Rank Score計算說明：

1.S.T.表示Standard Type，AS為Achievement Standards，US為Unit Standards。AS 和US的意義請參閱本書「Chapter 3 - 二 - (二) - 1」。

2.E、M、A表示各科的Results，分別代表Excellence、Merit、Achieved。

3.*表示每一學科最多只能採計24學分，Mary的英文獲得28學分，A的部分採計 12學分。

4.**表示「超過80學分的部分不予採計」，不採計者當然選Points值較低的A。

5.***表示參與採計的學科不能超過5科。6科中，計算Rank Score時不計入經濟學 最有利。

Mary在6個Level 3學科中，她總共得到了110個學分。挑出5科中最 佳的80學分計算排序積分，66＋52＋76＋25＋21＝240（Points），Mary 的Rank Score得分是240。Rank Score滿分是多少呢？如果合乎採計規定的 80學分都是Excellence，這位學生的就獲得了320分的Rank Score滿分值。

奧克蘭大學針對2015年入學的本科招生手冊中載明，入學門檻 較高的專業及其Rank Score如下：Biomedical Science 280、Engineering （Honors）conjoints 270、Health Sciences 250、Architectural Studies 230、……，所有專業中最低的Rank Score要求是150。

3.過了某專業的Rank Score門檻，一定進得了該專業嗎？

以奧克蘭大學為例，單單Rank Score符合預設標準還不一定進得 了目標專業。有的專業需要繳交作品（Portfolio），有的需要通過面

試，某些專業更有特殊的選課規定和成績要求。

奧大提供了一個Table A、Table B的學科資料，Table A包括英文、地理、歷史、藝術史、古典研究，Table B包括數學、微積分、統計學、物理、化學、生物、經濟學、會計學。例如，Commerce（商學專業）的入學規定是"Rank Score 180 with a minimum of 16 credits in each of three subjects from Table A and/or Table B"，意思是，要進Commerce專業，除了180的排序積分之外，Level 3的學科中，必須有三個學科來自Table A或Table B，而且這三科中任何一科的最低學分數為16。

奧大最熱門專業之一的工程專業（Engineering），除了Rank Score 250之外，要有Level 3微積分至少17個學分、Level 3物理至少16個學分，且此微積分至少有17、物理至少有16學分是來自外部評估考試（External Assessment）所獲得者。

大學UE門檻和某些專業額外附加的入學條件、規定，目的都在確保大學生不論讀什麼專業，一定要具備相當程度的語文和數理素養，才有充分的能力完成大學學業。

（五）挑戰「NZQA獎學金考試」，成功不是夢！

1.華人孩子是「NZQA獎學金考試」的常勝軍

2014年度「NZQA獎學金考試」即將在下個月的Term 4起跑，（編者註：本文完成於2014年10月4日。每年的「NZQA獎學金考試」，各科合併入11月中開始的「外部評估考試」日程中，但採用專

為獎學金考試命題的試卷）回顧2013年此項盛事，紐西蘭全國10位「最優獎學金（Premier Scholarship Award）」得主中，歐裔、華裔、韓裔、印裔分佔5、3、1、1席，以2013年末華裔人口佔4.23%的普查數據來看，華人孩子確實是「NZQA獎學金考試」的大贏家。

獲獎的3位傑出華裔孩子中，來自Macleans College的Frank Zhou堪稱紀錄的締造者，繼2012年之後，他第二次獲得了「最優獎學金」；Frank也是2013年中學畢業班的Dux，目前就讀於哈佛大學。另外兩位華裔得獎者分別是Rangitoto College的Fang Zhou Jiang和Macleans College的Keniel Yao。綜觀歷年來的「最優獎學金」得主，華裔學生平均的獲獎比例總是佔到了三成左右。

2013年的35位「單科成績全國最頂尖（Top Subject Scholar Award）」得主中，華裔學生佔了6位。幾年前曾見過一張Auckland Grammar School的「NZQA獎學金考試」得獎學生大合照，亞裔學生佔了將近三分之二，問照片中的一位學生，得知其中一大半以上都是華人孩子。

2.何謂「NZQA獎學金考試」？如何評定每一科之等級？

「NZQA獎學金考試」的正式名稱是New Zealand Scholarship，由NZQA（紐西蘭學歷評估委員會）主辦，屬於非強迫性、自願參加的考試。NZQA和教育部依現行的紐西蘭課程標準（NZC），根據NCEA課程訂定了一套Performance Standards，以決定每年的考試學科、命題規範和評分標準。

New Zealand Scholarship主要針對Year 13學生，有些超前學習、跳級或資賦優異學生，學校也鼓勵他們參加，因此，每年都會出現一些

Year 11、Year 12的獲獎者。各學科的獎學金考試安排在年末的NCEA外部評估考試中，區隔於Level 3學科之外而視同獨立項目實施。為了避免應考人數過多，每年9月份之前，有意參加者經學校認可成績後才能報名參加。2015年度起實施新的考試收費標準，本地學生每參加一科就必須繳費＄30，國際學生則為每科＄102.20，二者皆含GST。

New Zealand Scholarship的目的在激勵、鼓舞學業優異的中學生，去挑戰NCEA Level 3課程中難度高於特優（Excellence）級的問題，即使學習拔尖的學生也覺得這一項考試的要求標準非常高。它要求參與獎學金考試的學生需具備高層次的分析性思維（Critical Thinking）、抽象概念和歸納能力，而且能整合、綜合、應用既有的知識、技巧、理解和觀念，以面對複雜深奧的課題。

「NZQA獎學金考試」的得獎學生，並非確定可以直接領取現金，他們必須在紐西蘭就讀大學才具備領用獎學金的資格，離開紐西蘭前往海外讀書的獲獎者實際上等於放棄了獎學金使用資格。

獎學金考試通過的學科依兩級標準做評定：成績進入全國Level 3選讀該科總人數前3%者獲得Scholarship，簡稱S；進入前1%者獲得Outstanding Scholar Awards（傑出獎學金），簡稱O。2013年的35個獎學金考試學科，全國Level 3的選讀人數相當懸殊，拉丁文22、中文239、經濟3,764、英文16,445、物理7,533、統計學12,606……。選讀人數或應考人數極少的學科，評定為S、O的百分比可能距離3%、1%很遠；例如拉丁文，2013年的報考人數28，完成考試者27，最後成績5人為S、1人為O，與3%、1%簡直是天差地別。拉丁文的全國Level 3選讀人數僅22，報考人數28，應該是劍橋課程或NCEA Level 1、Level

2學生參加考試所造成。

　　New Zealand Scholarship是目前紐西蘭中學全國性統一考試中的一大亮點，很多CIE劍橋課程學校非常重視，甚至刻意輔導其「非NCEA課程學生」參加考試。2013年4位華裔Premier Awards得主中，有3位念的就是劍橋課程。著名女校St Cuthbert's College是獲獎人數及單科得獎數（S＋O）的佼佼者之一，許多的得獎學生卻來自IB課程。

3.New Zealand Scholarship之類別和計算方式

　　除了「總理獎」之外，2013年的New Zealand Scholarship計算方式分成五大類別。

　　第一，Premier Awards——5科或5科以上獲得S，其中至少有3科為O，且至少有一科名列前10；本獎項限額5~10位，入大學後三年內每年獲得$10,000。第二，Outstanding Scholar Awards——至少2科為O，加上至少1科為S；或者1科為O，加上至少4科為S；本獎項限額40~60位，入大學後三年內每年獲得$5,000。第三，Top Subject Scholar Awards——單科成績全國最優，入大學後三年內每年獲得$2,000。第四，Scholarship Award——3科或3科以上獲S，入大學後三年內每年獲得$2,000。第五，Single Subject Awards——1科S或2科S，入讀大學時分別一次性獲頒$500、$1,000。第一至第四類別屬於分三年領取者，每年受獎人在大學的平均成績必須在B以上。

　　學生同時滿足上述五大類別中的兩項或兩項以上時，以最高獎金額度那一項為準。例如，Premier Awards獲獎者當然滿足Outstanding Scholar Awards，也可能同時符合Top Subject Scholar Awards，此時僅能

領取Premier Awards。不過，如果是Top Subject Scholar Awards獲獎者，另有一科獲得S，這一科可以額外地一次性獲頒$500。

4. 如何激勵您的孩子去挑戰「NZQA獎學金考試」？

　　NZQA與獎學金相關的網址是http://www.nzqa.govt.nz/scholarship，它提供了非常豐富的訊息，包括New Zealand Scholarship的考試科目、報名方法、應考人數、歷屆考題、評分方式等等，甚至Top Subject Scholar Awards各科得主的原始答案卷都掃描成PDF檔，供學生觀摩參考。有志於挑戰獎學金考試的學生，將因此而知己知彼，提升了應考的動機和信心。

　　網頁中關於考試結果的統計、分析、比較則非常耐人尋味。例如，從2009到2013年的47位Premier Awards得主，男生佔了40位而女生僅有7位，男生、女生竟然形成了85.1%對14.9%的懸殊落差，何況男生的應考人數還年年少於女生呢！對照紐西蘭大學本科學生人數男生40%、女生60%的比例。紐西蘭優秀的娘子軍們，請幫忙為這個矛盾的現象把把脈吧！

　　New Zealand Scholarship網頁「得獎學生介紹」應該是最能激勵孩子的事情之一，2013年「總理獎」和「最優獎學金」雙重得主是韓裔的Byung-Cheol Cho，他一共獲得了5科O、2科S、1科Top Subject Scholar Awards。Cho是Auckland Grammar School畢業班的Dux、國際數學奧林匹克競賽銅牌得主、國際青年物理學家錦標賽紐西蘭代表隊之一、多項數理科學競賽得獎者；他還是跆拳道黑帶高手、小提琴和鋼琴愛好者呢！Cho目前就讀於美國普林斯頓大學，決心將來要攻讀生物醫學工程的PhD。見賢思齊，典範就在這裡！

三、CIE劍橋課程與學制 （Year 11~13）

（一）紐西蘭的「中學劍橋課程」：IGCSE & A-Level

1.源自英國學制的「中學劍橋課程」

　　紐西蘭學生結束了兩年的Intermediate School，從Year 8升上Year 9，之後Year 9到Year 13的5年是紐西蘭學生的中學階段。College、High School、Grammar School、Secondary School都是中學的稱呼，Form這個字在英式教育體系中則代表「年級」的意思。英國本土的孩童5歲入學，歷經小學6年、中學5年（Year 7~11）、大學預科2年（Year 12~13），傳統上英國習慣稱呼Year 7為First Form，以此類推，Year 12為Sixth Form，Year 13為Seventh Form。在紐西蘭，很多中學沿襲英式稱謂，稱Year 9學生為Form 3、Year 10為Form 4、Year 11為Form 5……。

　　與英國不同的是，紐西蘭的中學是從Form 3到Form 7，英國的Form 1、Form 2兩年在紐西蘭則劃歸於Intermediate School（俗稱「高小」，高等小學之意）。英國的義務教育從Year 1到Year 11，最後兩年的Year 10~11學生處於15、16歲的年齡段，修習General Certificate of Secondary Education（簡稱GCSE）課程，目的在培養能夠勝任社會

生活的合格公民。GCSE的課程範圍寬廣，學生在兩年內要學習12門左右的課程，完成了GCSE的必修和選修課程後，學生獲頒GCSE證書（普通中等教育證書），上面記載著學生在這個義務教育最高階段的各學科成績，可直接就業或繼續入讀職業課程（NVQ）。要進大學深造的學生則進入A-Level課程以打好廣博的學識基礎。

　　劍橋大學考試委員會（UCLES）是劍橋大學的一個部門，創立於1863年，為全世界歷史最久、最大、最著名的教育評估測試機構，下轄OCR、ESOL和CIE三個直屬單位，CIE的全名是University of Cambridge International Examinations。原由OCR提供給本土中學的GCSE課程，在英國本土之外使用的國際版本則稱為IGCSE（International General Certificate of Secondary Education），連同屬於預科課程的A-Level、Pre-U皆由CIE管轄。IGCSE與GCSE大同小異，紐西蘭的中學將IGCSE課程壓縮後，在Year 11的一年內完成IGCSE的教學、考試，其學科內容採取了和A-Level銜接的態勢。GCSE課程的目標、設計和屬性全然質變，IGCSE實質上變成了A-Level或Pre-U的預備課程。

2.奧克蘭的「全CIE學校」和「NCEA、CIE雙軌學校」

　　完整的CIE劍橋課程是從小學開始，分成Cambridge Primary（5~11歲）、Cambridge Secondary 1（11~14歲）、Cambridge Secondary 2（14~16歲）、Cambridge Advanced（16~19歲）。IGCSE屬於Cambridge Secondary 2，大學預科性質濃厚的AS、A-Level和Cambridge Pre-U課程則屬於Cambridge Advanced。

在紐西蘭，從小學到中學全部採用CIE劍橋課程的學校很少，而且都屬於私立學校，奧克蘭地區較為人熟知的ACG學校集團、King's School、King's College、Ficino School（Mt Eden）、Pinehurst School（Albany）、The Corelli International Academic School of the Arts（Browns Bay），其中三所從Year 1到Year 13、兩所從Year 1到Year 8、King's College從Year 9到Year 13皆全面採用CIE劍橋課程。學生只要入讀這幾所學校，不論就讀幾年級，就完全進入了CIE劍橋課程系統。

全紐西蘭的中學大約90%遵行國家課程標準，中學的最後三年實施NCEA課程。有些學校從Year 11開始採「雙軌課程制」，一部分學生選讀劍橋的IGCSE課程，其餘學生念NCEA。奧克蘭地區的這一類學校包括Auckland Grammar School（AGS）、Macleans College、Westlake Boys、Westlake Girls、St Peter's、Avondale、Kelston Boy等。這些學校的Year 9學生雖然接觸不到CIE劍橋課程，學習出色的學生則採部分學科跳級方式，在Year 10時開始研讀IGCSE的數學、英文或科學學科。

AGS在Year 11時完全開放給學生自由選讀IGCSE，學習欠佳者在Year 12時再回過頭來讀NCEA的Level 2，以免日後在AS或A-Level的全球統一考試中全軍覆沒。Westlake Girls則因為CIE劍橋課程不開Science（科學）學科，很多學習優異的學生乾脆全部選讀NCEA，否則提出夾雜NCEA和CIE學科的成績單反而顯得怪異，而且不利於申請大學時的成績評估。

NCEA和CIE都屬於中學最後三年的課程，雙軌課程學校的Year 9、Year 10通常遵照紐西蘭的國家課程標準實施教學。許多家長在孩

子Year 8的時候就開始出現焦慮感，因為，孩子進中學時的分班考試將造成一系列的影響，孩子是否有機會入讀CIE劍橋課程？孩子能否被選入Cambridge Pre-U課程班級？教養焦慮是華人父母的宿命嗎？我不同意！孩子盡力了，孩子樂於學習，孩子進步了，就該給他（或她）熱烈的掌聲！人生如跑馬拉松，路遙知馬力。

3.AS、A2、A-Level，四階段CIE劍橋課程中的高級課程

英國學制的大學2年預科相當於紐西蘭中學的Year 12和Year 13（或稱為Form 6、Form 7），等同於香港的中六、中七。A-Level是英國最普遍的大學預科課程；第一年課程叫AS Level（Advanced Subsidiary Level），中文稱為「准高級普通教育證書課程」；第二年的課程加廣加深，俗稱A2（Advanced Level 2nd Year）。修畢AS、A2課程並完成考試的學生將獲頒General Certificate of Education Advanced Level，就是「普通教育高級證書」，上面記載著學生的修讀學科、全球成績百分比、成績等級。

屬於劍橋課程的A-Level於1951年起正式實施，課程內容和計分方式歷經多次改革，公認是英語世界中非常成熟的課程體系，歐美各國頂尖大學在錄取新生時對A-Level成績普遍給予高度評價。紐西蘭在12年前NCEA取代Bursary考試時，Auckland Grammar前校長John Morris先生率先引入CIE劍橋課程，使AGS成為紐西蘭第一所NCEA、CIE雙軌學校。奧克蘭私立的ACG學校集團則全面採行Primary到Advanced的四階段CIE劍橋課程，ACG不但搶得先機，更展現了亮麗的辦學績效。

紐西蘭選讀CIE劍橋課程的學生在中學最後3年依序完成IGCSE、AS、A2的課程和考試，獲得A-Level證書。英國本土的A-Level課程在IB課程的強力競爭之下，迫於形勢，劍橋大學當局推出了A-Level課程的昇級版Cambridge Pre-U。同屬於CIE系統，A-Level和Cambridge Pre-U的成績可以混合計分，奧克蘭的Macleans、ACG等中學已經開始局部採用Cambridge Pre-U。看樣子，要搞清楚紐西蘭的中學關鍵課程，張老師和家長朋友們還得繼續做功課。

（二）CIE劍橋課程之「靈活選課」及「大學專業匹配」

IGCSE和A-Level之選課對於大學階段的專業選擇、學習影響很大，草率不得。每一所紐西蘭的中學都根據自己的情況和經驗編印了實用的選課指引，學校網頁上也有豐富的選課訊息，許多老師更負有輔導和釋疑的責任，家長和孩子們都應該預先做足選課的功課。最周延的家長，孩子在Year 8進入中學之前就開始關注中學的選課系統，一旦進了中學，選課就變成了一環扣一環的事情。

1.Year 9的表現，將影響IGCSE和A-Level之選課

紐西蘭的中學從Year 9到Year 13，Year 9~10屬於Junior年級（初中），Year 11~13則為Senior（高中）階段。以Macleans College為例，該校依據教育部的National Curriculum（國家課程）標準，Year 9除了英文、數學、科學、社會學、體育五大核心課程之外，學生必須從

Arts（藝術、舞蹈、戲劇、音樂）、Technology & General Studies（技藝學&一般研究）、Languages（法語、日語、西班牙語⋯⋯）之三大必修領域中分別選讀2、2、1科，每一科修習半年或一年。

學生從廣泛接觸屬性不同且多樣化的學科之中，可以檢視自己的興趣和潛能，更有助於探索未來的專業選擇傾向。各中學的課程設計大同小異，例如Auckland Grammar的Year 9在Languages部分比Macleans多了拉丁文、少了中文。AGS、Macleans、Westlake Boys等學校的Year 9根據分班考編班，通常另行規劃Extension班的課程，這種班級的某些學科已經超前進入了Year 10的課程範圍。

全CIE劍橋課程或雙軌課程學校，部分學習優異的Year 10學生已經單科或多科進入IGCSE課程。以2015年Macleans的Year 10 Full Extension Studies班級學生為例，其English、Mathematics、Science、Global Studies四科提前進入IGCSE的課程和考試。AGS呢？學生在Year 10時讀一樣的英文課程，A至C班的學生則允許進入IGCSE數學和Combined Science，並參加年末大考。

Macleans學習最好的學生有可能在Year 12結束時就通過了英文、數學、物理、化學、生物五科的A-Level考試，如果其中的任何一科成績不理想，依規定可以在Year 13時再參加一次劍橋考試，最後以成績較高的那一次為準。這種學習特優的學生有兩種選擇，第一是利用Year 13時全力衝刺NZQA獎學金考試，第二是跳級進入紐西蘭的大學，或提前申請美國、英國、澳洲的大學。當然，這些學生在Year 12年末時參加NZQA獎學金考試一樣具有競爭力。

跳級而導致學習過度密集，可能因此而錯過了閱讀經典名著、社

會實踐或課外活動的學習契機。奉勸未能獲選進入Extension班的孩子們，不要氣餒！按部就班學習也可以是一件幸福的事情。

按照正常的進度，學生在Year 11時念IGCSE課程。以AGS為例，學校通常允許學生在Year 11時選讀5個IGCSE學科，Year 12時選讀5科AS，Year 13時只能選讀4個A2科目。打算讀醫學系以外的專業，選課配課沒什麼困擾。要學醫的學生通常在Year 12時念AS的英文、數學、物理、化學、生物五科（AGS學生戲稱這五科叫做Asian Five），到了Year 13時就刪掉英文。問題來了，很多紐西蘭學生在Year 13結束之前申請澳洲的醫學系，偏偏澳洲的醫學院要求申請人必須修過中學最後一年的英文課程。這種情況，對於在Year 10時跳級念完IGCSE英文或數學的學生不構成問題，如果在Year 12時提前完成了A2數學，Year 13時就有空間繼續修完A-Level英文。

除了澳洲醫學系以中學最後一年的英文成績為必備條件之外，越來越多澳州大學的一般科系也列入了同樣的英文必備條款。擅文書者得天下！建議家長朋友們要額外關注孩子們在英文閱讀和寫作方面的學習，中小學階段應該年年維持孩子在英文學習方面的精進。

2.IGCSE和A-Level之選課應該和大學專業匹配

CIE劍橋課程官網上公布的2014年6月份全球CIE考試成績，一一分析了IGCSE、AS和A-Level各自的60、26、23個考科成績。IGCSE的60個科目中，與全世界各民族語種有關的語言、文學課程佔了一半，其他一半則涵蓋數學、理工、應用科學、社會科學、商業、藝術等各個領域。不論孩子上大學的專業傾向是否明確，如何善用選課的彈性

空間確實是一門學問，不過，奧克蘭地區的幾個老牌劍橋課程學校早已能夠純熟地應對各種選課問題，孩子們應該儘早諮詢。

以AGS為例，Year 10時單科超前選讀IGCSE數學或Combined Science的學生，到Senior年級時確實擁有較大的選課空間。即使Year 11才進入IGCSE課程也無礙，AGS規定一般學生最多只能同時選讀5科IGCSE，一位興趣廣泛、具有工程或建築專業傾向的學生如何選課？英文、數學兩科必選之外，其他三科如何搭配？方案之一，選物理、化學、藝術三科。之二，兩科Co-ordinated Sciences（Double）加一科藝術（或歷史），為什麼？前者可以涵蓋物理、化學、生物，後者為匹配建築專業埋下了伏筆，建築系往往要求申請的學生繳交作品。之三，選一科Combined Science，一科Art and Design，一科地理（或歷史），Combined Science的內容就包含了物理、化學、生物三個學科的基礎知識。之四，……。這些學科都是CIE劍橋當局的IGCSE課程設計，其選課彈性兼顧了學生的多元化興趣，也為銜接AS到A2的A-Level選課奠定了靈活的基礎。

A-Level的科目、成績和大學的專業選擇直接相關，以申請奧克蘭大學為例，千萬別忽略了「Table A、Table B入學限制條款」，Table A包括英文、地理、歷史、藝術史、古典研究，Table B包括數學、微積分、統計學、物理、化學、生物、經濟學、會計學。持CIE成績入讀工程（Engineering），一定要有A-Level的數學、物理成績；讀護理（Nursing）則要有一科屬於Table A，再加上生物、化學、物理三科中的任何一個A-Level學科，而且必須是Full A-Level，AS還不算數。其他建築、商科、理科等專業都有A-Level學科門檻。即使申請美國、英

國的大學本科，頂尖大學或某些「硬專業」還是非常在乎學生完成了哪些A-Level學科。

有些中學運作CIE劍橋課程到了走火入魔的地步，我已經在紐西蘭聞到了一些應試教育的味道，面對誤區，家長該如何自處？A-Level之選課如何和大學專業相匹配？

（三）IGCSE、AS、A-Level成績之解讀

南半球學制的紐西蘭，念CIE劍橋課程的高中學生在每年1~2月收到上學年的成績單（Statement of Results），精美燙金的"UNIVERSITY of CAMBRIDGE International Examinations"幾個字意味著這份報告來頭不小，它可是劍橋大學寄來的呢！IGCSE、AS、A-Level都一樣，每一個科目名稱後面跟著一個英文字母、一個百分率數字，就這麼簡單。有趣的對比是，NCEA成績報告卻複雜得讓學生和家長都「有看沒懂」。

1. IGCSE的A*~G八等級區分和%成績

CIE官網上的"How are Cambridge IGCSE grade thresholds determined"指出，等級之間的門檻是根據「統計學證據」和「主要考官老師之專業研判」來決定。如果試卷比往年簡單，門檻就上調，反之就降低門檻。

"%"原來代表的是得分百分比，有些學生考得不好，竟然拿到了90%以上的好成績，應該是試題偏難，主要考官老師做了Scaling的處

置，依學生的整體表現把"%"做了相對性的上調。

理論上雖然不存在固定的A*～G等級區分門檻，多年來IGCSE大部分學科習慣於把90%以上定為A*，依序80%～89%為A、70%～79%為B、60%～69%為C、50%～59%為D、40%～49%為E、……。不過，百分率成績經過Scaling之後，可能會有許多學生的成績集中在某一個區段。例如35%～49%之間的分布密度如果太高，就有可能將42%～49%定為D、35%～41%定為E。一般G的下限門檻是10%，低於10%則不列入分級而以U表示，表示Ungraded或Unclassified之意。

假設某一科的IGCSE成績為90%，是否表示該科成績列入全球前10%？非也！CIE官網上公布的2014年6月份全球IGCSE成績統計，數學得了A*的佔全部IGCSE考生的16.7%、A或A以上35.1%、B或B以上53.2%，這表示，如果您的孩子IGCSE數學拿個C或C以下，表示他的數學成績低於全球平均水平。再看看大家關切的First Language English，A*的佔6.8%、A或A以上18.2%、B或B以上36.2%，C或C以上66.0%，如果是D或D以下，表示First Language English成績列於全部考生的後三分之一，得力爭上游了！

2014年6月份的全球IGCSE成績，各學科得到A*的學生所佔百分比如下：物理26.2%、化學29.6%、生物23.7%、經濟16.6%、會計16.4%、歷史25.3%、地理17.0%、社會學5.7%、拉丁文23.6%、希臘文87.0%、First Language Chinese 17.9%、Mandarin Chinese（Foreign Language）64.4%、西班牙文59.9%、法語42.6%、……。拿高分、正確選課、興趣等等考量？其中的玄機考驗著孩子和家長們的智慧。

2.CIE如何計算學生的A-Level成績？

　　AS、A-Level成績單和IGCSE的格式相同，最大不同在於等級的區分。AS分成a、b、c、d、e五個等級，習慣上以小寫英文字母顯示；A-Level分成A*、A、B、C、D、E六個等級；AS、A-Level低於40%時分別以u或U表示Ungraded，差到不予評分之意。A-Level以90%、80%、70%、60%、50%、40%為固定的等級門檻，AS從80%~100%都是a，90%以上未特別區分出a*。

　　如何計算AS和A-Level的百分率成績呢？依據CIE官網的舉例來說明，某學生2013年時在AS Economics的原始分數100分中獲得了75分，如果不調整（Scaling）的話，他的AS經濟學成績是b（75%）。2014年他念完了AS之外的另外兩個A-Level經濟學papers（A2部分），滿分30分的paper得到21分，滿分70分的部分得到48分，A2部分的100分實得69分。如果A2部分不必Scaling，75分加上69分是144分，佔A-Level總分200分的72%，A-Level的成績等級為B，百分率成績為72%。

　　如果計算過程中都不經過Scaling調整百分率成績，AS和A2應該各佔A-Level成績的50%，實際上，不與學生斤斤計較分數的洋人教育，Scaling是司空見慣的事情。請看這位學生的真實例子，2009年時Louis的AS化學拿到94%的a，一年後的A-Level成績單上漂漂亮亮登錄著Chemistry Advanced Level A*（a*）100%。我的認知是，Louis的A2化學考得特別好，與AS合併計算後再經Scaling，被別的考生推高到了100%。

2014年6月份全球AS和A-Level的成績統計，AS各學科的a（80%以上）學生所佔百分比如下：數學26.5%、物理29.2%、化學29.3%、生物24.7%、Literature in English 14.4%、Language and Literature in English 11.7%、經濟27.2%、會計22.9%、歷史6.5%、地理14.8%。A-Level各學科的A*（90%以上）學生所佔百分比為數學12.6%、進階（高等）數學11.4%、物理12.9%、化學11.8%、生物12.2%、Literature in English 6.6%、經濟7.9%、會計6.1%、歷史4.1%、地理6.8%。

2014年6月份公布的CIE A-Level全球成績，A-Level數學在B（70%~79%）以上的佔了53.1%，成績70%（B）看起來還過得去，實際上是落在平均值之下。Literature in English拿到90%，已經排名全球前6.6%。歷史得到90%，有望成為歷史學家。Law（法律）呢？全球獲得90%以上的竟然只佔了1.8%。海洋科學（Marine Science）更耐人尋味，僅0.3%的選修者攀到90%。Travel and Tourism就甭談了，沒有一個人到得了A*。

解讀全球成績的統計分析，有助於了解CIE各學科的課程難度，更有利於進入劍橋課程之前選課的心理準備；看懂了整體的成績，才能真正了解自己的成績。IGCSE、AS、A-Level顯示的等級和百分率都是相對成績，應考時更應該、更值得全力以赴。建議有關的家長朋友們多關注CIE的官方網站（http://www.cie.org.uk）。

（四）CIE劍橋課程之UCAS Tariff Points、升大學門檻

1.何謂UCAS Tariff Points？如何計算？

　　UCAS的全稱為Universities and Colleges Admissions Service，這是由英國全國各大學和學院聯合成立的招生服務機構，性質上相當於「大學聯招委員會」。UCAS實施的A-Level等級成績「分數換算系統」叫做UCAS Tariff Points，其換算方法被全球使用CIE劍橋課程的國家普遍採用。

　　A-Level從A*~E的等級成績和百分率成績對照表如下：

A-Level		AS-Level	
等級成績	百分率成績	等級成績	百分率成績
A*	90%~100%	a（A）	80%~100%
A	80%~89%		
B	70%~79%	b（B）	70%~79%
C	60%~69%	c（C）	60%~69%
D	50%~59%	d（D）	50%~59%
E	40%~49%	e（E）	40%~49%
U	40%↓	U	40%↓

　　下表為UCAS Tariff Points的基本換算依據，數字代表points，概念上相當於分數或積點。AS-Level沒有A*等級，百分率成績在80%~100%都是a（A），分數值為60。AS-Level等級成績的標準表示法應該是小寫的a、b、c、d、e方式，使用時往往不是那麼嚴謹而寫

成大寫。U的分數值為0。

成績等級→	A*	A	B	C	D	E
A-Level	140	120	100	80	60	40
AS-Level	—	60	50	40	30	20

申請大學時，如果學生最好的三科A-Level成績為A* A* A*，得分420；A*AB，得分360；以此類推。如果以AS-Level參與計算，AAab得350，ABac得320，……。

2. CIE劍橋課程之升大學門檻

2015年入讀大學的學生必須遵循新的入學門檻（University Entrance，簡稱UE），各大學學士學位課程的最低門檻相同，奧克蘭大學稱之為The University Entrance Standard。首先，我們必須關注最基本的A-Level學科要求（Programmes Requirements），通常將這些學科列表成為下面的Table A和Table B：

Table A	Table B
Classic Studies（古典研究）	Accounting（會計）
English（英文）	Biology（生物）
Geography（地理）	Business Studies（商業研究）
History（歷史）	Chemistry（化學）
History of Art（藝術史）	Economics（經濟）
	Mathematics（數學）
	Physics（物理）

上表是按學科名稱的第一個英文字母順序排列，Table A傾向文科，Table B傾向理科。這些都是進入大學之前打「專業功底」的經典

科目，各中學的開課情況不盡相同，還有一些相當的、被認可的其他學科未出現在表上。講白了，這些都是含金量較高的傳統大科，和NCEA認可之UE學科相近。

最新的UE包括Part A和Part B兩大部分之條件要求，都達標了才能入讀學士學位課程。

Part A有兩個要件。第一，根據符合Table A和Table B科目算出的UCAS Tariff分數底限是120。限制條件如下：它們可以是A-Level或AS-Level的科目；計算時，一個A-Level成績代表2個「學科單位（Subject Units）」，一個AS-Level成績代表1個「學科單位」，最多只能選擇6個「學科單位」參與計分。第二，Table A和Table B的學科群（Syllabus Groups）中，至少要有三個不同學科，且至少要有一個「學科單位」的成績在D或D以上。例如，Peter的成績如下表，計算UCAS Tariff Points時，因為「學科單位」總數不得超過6，成績最低的生物不參與計分是最有利的選擇。6個「學科單位」的A-Level Rank Score滿分是420分。

Syllabus	Level	學科單位	等級	積分	Rank Score
Mathematics	A	2	A*	140	140
Chemistry	A	2	B	100	100
Physics	AS	1	b	50	50
English	AS	1	c	40	40
Biology	AS	1	d	30	Nil
Rank Score（符合參與排序的有效計分）					330

Part B要求學生不論念哪一種專業，都要具備最基本的語文能力（英文之Literacy）和運算能力（Numeracy）。Literacy必要條件是AS的英文（Language、Literature或Language and Literature）成績在E或E

之上，同時Part A部分至少有一個「學科單位」成績在D或D之上。

Part B之Numeracy必須滿足下面兩個條件之一。第一，IGCSE或GCSE的數學在D或D之上。第二，通過任何AS-Level之數學（e或e以上），同時Part A部分至少有一個「學科單位」成績在D或D以上。

有些CIE劍橋課程的學生，在Part B的Literacy和Numeracy部分，兩者或其中之一提交的是合格的NCEA成績，一樣符合紐西蘭的UE標準。本文討論者僅為紐西蘭CIE劍橋課程高中生入讀大學學士學位課程的最低門檻要求，各大學隨專業之不同都有個別的要求和條件。

（五）Cambridge Pre-U，大學預科課程的明日之星

1.菁英學生和IB課程是Cambridge Pre-U的催生者

過去二十多年來，全球劍橋課程A-Level學生的成績持續上升，中國國際學校A-Level擅長考試的新銳大軍參戰後，情勢更加複雜。2003年中國一所新成立的劍橋A-Level課程國際中學，兩年後全校15%畢業生以新鮮人之姿昂首走入牛津、劍橋大學校園。英國、美國頂尖大學的招生官抱怨連連，要從眾多A-Level頂尖成績中篩選出真正的傑出學生，似乎越來越難了。

A-Level課程隸屬於劍橋大學國際考試局（University of Cambridge International Examinations）管轄，令局裡的考試專家們寢食難安的是，英國最早提供IB課程給學生選讀的著名寄宿中學Sevenoaks School，從2006年起全面取消A-Level課程而成為全IB學校。

2007年時，預估英國的IB學校將在兩年後從原來的六十所暴增到兩百所，形勢異常險峻，A-Level的課程改革勢在必行。2008年起，A-Level成績計分在A等級之上增加A*，數學課程模塊也做了一些調整。更重要的是，對抗IB的Cambridge Pre-U課程應時推出。

2.何謂Cambridge Pre-U？它是A-Level的昇級版

下述本文將以Pre-U簡稱Cambridge Pre-U。和傳統的A-level一樣，Pre-U也是2年制學程，但是，它只需要在兩年課程結束後參加一次全球統一考試，不像A-level將整體課程分為AS和A2兩部分。

Pre-U課程以兩種方式展現：Certificate（證書）、Diploma（文憑）。Pre-U目前推出了26個Principal Subject（學科）和GPR項目，GPR由Global Perspectives（全球視野）和Research Report（研究報告）兩個部分組成。它的每一個學科、項目可以獨立獲得認證，整體選課符合規定、成績及格可進一步獲頒Cambridge Pre-U Diploma，後者比一般高中畢業證書具有更高的意義和價值。

Principal Subject	Principal Subject	Principal Subject
Global Perspectives		
Research Report		

上表的課程架構表示，學生必須通過三個學科、全球視野和研究報告的考核，才能獲得Cambridge Pre-U Diploma。

由於Pre-U是兩年課程結束後的一次大考定成績，學科教學受到單元或模塊測試的干擾較少，其教學分量、課程內容之廣度及深度皆

高於A-level，有些主題的難度或高於A-level之A*學生所能達成者。更特殊的是，Pre-U課程內容採取兩年學程的直線性設計，較少重疊或重複，和A-level課程之分為AS、A2加模塊設計相比較，Pre-U課程之循序漸進和一致性使教學活動更加靈活、流暢。

Pre-U的成績從高往低分成Distinction（傑出，簡寫為D）、Merit（優等，M）和Pass（通過，P）三段，每一段再分成1、2、3三級，最後每一個學科和GPR成績（即「全球視野」和「研究報告」成績）皆以D1、D2、D3、M1、M2、M3、P1、P2、P3分為九個等級。如果成績標示為U，代表「未通過（Ungraded）」。

和A-Level成績比較，Pre-U成績的含金量如何呢？換算成UCAS Tariff Points時，A-Level的A*分數值為140，Pre-U的D2分數值達145而優於A*。下表為Pre-U九級成績的UCAS Tariff轉換表：

D1 tbc	M1 115	P1 73
D2 145	M2 101	P2 59
D3 130	M3 87	P3 46

其中D1之tbc為"to be confirmed"，尚未確定之意。我曾經見過一份Maclean College的Pre-U最終數學成績報告，20多個學生中一半以上得到D1，僅有一位拿了最差的M1。我要表達的是，如果不是學習很好的學生，最好不要去Pre-U的學生群中墊底當砲灰。

3. GPR是Cambridge Pre-U的特色和亮點

針對IB學科之外的核心課程Extended Essay（拓展性論文）、Theory of Knowledge（知識論）和CAS（實踐活動），Pre-U推出了

GPR項目和IB課程一別苗頭，GPR的目的在提升學生的論文寫作能力和研究技巧，並培養學生對世界時事的觸覺及關注熱忱。

要獲得Pre-U的Diploma（文憑），Global Perspectives（全球視野）和Research Report（研究報告）這兩個GPR課程一定得完成並通過。「全球視野」課程以Seminar-based（研討會）的方式進行，在老師的引導下，學生自主性地針對全球年輕人所面臨的挑戰，從多元觀點去探索、研討，這個課程保證了Pre-U Diploma的學生在學習、認知方面都擁有足夠的廣度，最後學生必須提交研討論文。「研究報告」課程則要求學生選定一個主題做深入、細膩的調查和研究，最後以繳交報告或作品總結，它可以豐富學生的教育經驗。

藉著當代沸沸揚揚的議題，論述全球越來越頻繁、緊密的人際互動，GPR課程有助於提升16~19歲年輕人的分析批判式思維，並發展他們優質的自省、內化素養。GPR堪稱是Pre-U課程的精髓！

4.Cambridge Pre-U彈性大，可以與A-level課程並行

Maclean College應該是紐西蘭第一所採用Pre-U課程的中學，雖然目前該校只實施數學、英文兩個Pre-U學科教學，如果再增加GPR項目，學生將有機會獲得和IB Diploma齊名的Cambridge Pre-U Diploma。因為，Pre-U Diploma的三個Principal Subject，至多可以用兩個A-Level學科來替代。

Cambridge Pre-U Diploma擁有自己獨特的Diploma Score計分方式，三學科加上GPR共四個部分，每一部分滿分24，Cambridge Pre-U Diploma的滿分是96。通過UCAS Tariff轉換表，Pre-U和A-Level的成

績可以單獨評比，也可以混合判讀。全球大學名校不但認可Pre-U成績，甚至給予更高的評價。申請大學的時候，D1 D1 D1和A* A* A*、D2 D2 D2和D2 D2 A*、D2 A* A*和A* A* A*，判讀成績高下的時候，各組中前者總是較具優勢，為什麼？考考朋友們！

雖然Cambridge Pre-U Diploma的授予是依據三學科和GPR，學霸們則可以選讀三個以上的學科，多選的學科不加入Diploma Score的計分，表現好則在申請大學時一樣具有參考價值。

三年前Mr. Jamie Beaton以驚人的成績畢業於奧克蘭的King's College，10個A-Level學科獲8個A*、兩個A，A-Level英文（Literature）全球第一，SAT I接近2400，SAT Subject Tests竟然考了6科且5科滿分，9個NZQA Scholarship，……。哈佛、耶魯、普林斯頓、斯坦福、賓州、哥倫比亞、杜克、劍橋等全球25所頂尖大學一致錄取他，這位「史上最強的學霸」，當初King's College應該讓他念Cambridge Pre-U才對！

四、IB課程與學制
（Year 12~13）

（一）IB課程，以全方位的「國際化素質教育」為宗旨

1.IB課程的沿革和現況

全世界外交官或經貿人員的任所經常異動，其子女的大學前教育因而銜接困難，針對這個困境和需求，在聯合國教科文組織的規劃、指導之下，1968年於瑞士日內瓦成立了非營利的「國際文憑組織（International Baccalaureate Organization, 簡稱IBO）」，課程與考試中心則設在英國的卡地夫（Cardiff）。

IBO設計了一整套適合3~19歲孩童和青少年的IB課程。經歷四十多年的研究改進，目前的IB課程涵蓋三大年齡層：PYP（Primary Years Programme，3~12歲）、MYP（Middle Years Programme，11~16歲）、DP（Diploma Programme 16~19歲）。

我曾經多次撰文關切IB學校的發展趨勢，2011年2月發表《IB學校在美國，教育又逢春》時，全球共有3142所IB學校；9個月後撰寫《CIE劍橋課程的強勁對手：IB課程》時，數字增加到了3295；2012年9月再發表《IB課程，進一步的認知和就讀前的心理準備》時，全

球共有3462所IB學校。撰寫本文時，這個數目已經逼近四千。

　　全球的IB學校主要分佈於國家的首都和國際性大都會，其課程是很多國際學校的首選。IB課程中的DP項目是專門為中學最後兩年設計的旗艦級品牌課程，中國教育部把IBDP譯成「大學預科國際文憑課程」。對於有志出國留學的學生，IB文憑在入讀名校的競爭中頗具優勢。

　　目前全球147個國家一共設立了3961所IB學校（2014年11月29日撰寫本文時之統計），學生總數近130萬。其中美國1574所（830，此括弧內的數字表示DP學校數）、中國境內82所（67）、香港53所（29）、新加坡29所（21）、台灣4所（4）、澳洲155所（63）。英國是唯一IB學校銳減的國家，CIE推出了Cambridge Pre-U課程之後，英國的IB學校數目從兩年前的199所（193）降到了144所（136）。

　　目前紐西蘭共有22所IB學校，12所擁有IBDP課程，半數以上的IB學校分佈於奧克蘭地區，其中僅奧克蘭北岸的Kristin擁有完整的PYP、MYP和DP三階段課程。奧克蘭中區的Diocesan先開辦PYP和DP課程，當PYP學生升級到MYP課程時，Diocesan將成為擁有完整IB課程的學校。AIC、Diocesan、Saint Kentigern、Kristin、St Cuthbert's、ACG Senior College、Takapuna Grammar是奧克蘭地區七所開辦DP階段課程的學校，北岸的Rangitoto College則處於IBDP課程的籌備期當中。

2. IBDP課程的架構和選課

IBDP課程架構（取材自www.ib.org之IBO官網）

這個同心圓的意涵很深，最外圈代表「IB文憑課程」和「國際觀」，次一圈是六大學科課程，再次一圈是由TOK、EE和CAS三大元素組成的核心課程（Core Elements），再內一圈代表與時俱進的Teaching和Learning。這個嚴謹的課程架構將塑造出一位具有「終身學習能力」的21世紀通才，最中心的三個人頭輪廓像（THE IB LEARNER PROFILE）代表「IB文憑課程」的教育成果。

IBDP的學科部分由下列六個組別構成：1.第一語文（母語）；2.第二語文（含多個語種）；3.個人與社會（歷史、地理、經濟、心理、哲學等）；4.科學（物理、化學、生物、環境科學等）；5.數學（數學研習SL、數學SL、數學HL）；6.藝術類選修課（美術設計、音樂、戲劇等）。

學生必須從每一組中選讀一科，或者跳過第6組的藝術類課程，從第1~5組中再選一科，組合成6個選讀學科。每科皆有高等級（High Level，簡稱HL）、標準等級（Standard Level，SL）之分，HL、SL的教學時數分別為240、150小時。六個科目中必須含三或四個HL學科。每個科目以1至7分來評分，4分是及格分，6個學科的滿分為42分。

除了上述六個科目，學生必須完成一組包括三個項目的核心課程：知識論（Theory of Knowledge，簡稱TOK）、拓展性論文（Extended

Essay，簡稱EE）、CAS（Creativity創意、Action行動、Service服務）。TOK和EE優異者最多可獲得3分獎勵分（Bonus Points）。因此，IB課程的滿分是45分。CAS要以認可的、至少150個小時的活動或社會實踐來完成，如果未能通過CAS之考核，即使IB拿了滿分也無法獲得IB Diploma。

（二）IB文憑課程，前沿的課程設置、嚴謹的評量體系

1.必選六學科和核心課程，免於偏科學習

　　IBDP課程學生要獲得文憑（Diploma）資格，一定得通過六個學科的成績考評，不論學生如何選課，這些學科一定涵蓋語言、人文、數學和自然科學在內，語言部分更包括了母語和第二語言。其課程設計要求學生在大學本科階段，不管選讀哪一種專業，一定得具備基本的語文能力和人文、科學素養。

　　知識論（TOK）、拓展性論文（EE）和CAS之核心課程可以提升學生的思維和視野，也促使學生在入讀大學之前必須為做報告、寫論文打好功底。TOK是一個跨學科的課程，它引導學生對課堂內外所學到的知識和經驗進行反思，並且要培養學生的判斷能力、對基礎知識的質疑能力，藉以避免主觀的和意識形態方面的偏見。EE要求學生以一個自選學科（不一定是考試科目）為主題，經過獨立研究之後，在指定的監督老師協助之下，撰寫一篇以四千字為限的拓展性論文，它相當於IBDP的畢業論文。

CAS源自Creativity、Action、Service三個詞，意指「創造、行動、服務」。學生將通過音樂、戲劇、視覺藝術、體能運動、社區服務等活動與他人分享自己的能力和才華，同時學習關懷和團隊合作，更藉此培養或展現自己的領導能力。學校內外的各種社團、機構通常是實踐CAS的最佳平台。

在六學科和必修核心課程的架構下，IBDP展現了全方位學習的課程設計，也讓通識教育的理念貫穿其中，學生們可以免於偏科學習的弊病。

2.IBDP有全球一致的課程設置、成績考評體系

IBDP並不以某一個國家的課程體系為基礎，它融合了許多教育先進國家的課程優點而自成一個體系。設立或轉型為IB學校，IBO對學校的師資、設備和教學水準等都要預先考核，IB學校必須遵循全球統一規劃的課程設置，任課老師都必須通過IBO所認可的培訓。

IBDP各科目的成績通常來自內部評估和外部評估兩種方式，外部評估是兩年課程完成後以全球統一考試來評定的成績。IBDP在兩年學程中不設置單元性、階段性的統一考試，其課程設計和成績考評是直線性的，這不是「一考定終生」的概念，因為還有平時由老師自行考評的成績要計算在內。

每個科目大約有20%~50%不等的成績來自學校老師自己的評分。物理、化學、生物等學科有許多實驗報告，有些學科有口頭報告、成果演示、實踐活動、作品或寫作等部分，教師依PSOW表（Practical Scheme of Work）考核學生的表現，並完成綜合評價，隨後

由指定的外部審核員（Moderator）進行確認或必要的調整。內部評估由任課老師評分，儘管任課教師希望自己的學生得高分，但IBO有一套抽查機制，如果抽閱部分的評分出入很大，其餘學生的分數將比照誤差全部提高或者全部降低。

IBDP學生於畢業時參加全球統一考試，每一年依南北半球分為兩次考試，北半球於五月份而南半球在十一月份進行。筆試部分結束後由監考老師當場彌封試卷，空運到IB分部進行閱卷。全球的5000多名考官都是各自領域中的權威教師，在主考官的監督下對考生進行評分。課程和考題是統一的，基本上學生的考卷是由其他國家的老師來閱卷評分。這種國際規範化的程序，保證了IB的信譽和質量。因此，IB成績相對的「含水量」較低、公信力較高。

IBDP成績的6學科部分滿分是42分，TOK和EE兩部分合計滿分3分，所以，IBDP的最高成績是45分。CAS雖然不記分，但150個小時、認可的實踐活動記錄是必備的。TOK和EE各自的最後成績分別以A、B、C、D、E評定，低於E以下一律註記為NS。目前，TOK和EE合計的3分是依據下列量表估算出來的，上面第一列或左邊第一欄的A、B、C、D、E分別代表TOK或EE的成績。

	A	B	C	D	E	NS
A	3	3	2	1	Fail	Fail
B	3	2	1	0	Fail	Fail
C	2	1	0	0	Fail	Fail
D	1	0	0	0	Fail	Fail
E	Fail	Fail	Fail	Fail	Fail	Fail
NS	Fail	Fail	Fail	Fail	Fail	Fail

例如，兩個A、一A一B得3分，兩B、一A一C得2分，一A一D、一B一C得1分，兩C得0分。請注意！得0分還有可能獲得Diploma（文憑），Fail就慘了，只能獲得單科的Certificate（成績證書），意思是，雖然讀了IBDP，最後卻不及格。

藉著TOK和EE的計分方式，家長和孩子們應該注意，要讀好IBDP，整體的學習必須面面俱顧。

3. IBDP成績的UCAS Tariff Points換算優勢

IB分	Tariff值	IB分	Tariff值
45	720	34	479
44	698	33	457
43	676	32	435
42	654	31	413
41	632	30	392
40	611	29	370
39	589	28	348
38	567	27	326
37	545	26	304
36	523	25	282
35	501	24	260

看看IB成績換算成UCAS Tariff Points的優勢吧！IB的38分為567，勝過A-Level的四個A*（Tariffs 560）；IB的39分為587，勝過Cambridge Pre-U傑出的四個D2（580）。英國很多中學棄A-Level而轉向IB，逼得劍橋大學國際考試委員會（CIE）加速課程改革。CIE絕非省油的燈，當然不服氣小老弟IBO的挑戰。兩大國際最知名的教育及考試課程，精彩的PK大戰可期！

（三）IBDP課程，進一步的認知、就讀前的心理準備

1.英國、美國的教育界如何看待IBDP課程

對於IBDP學校數量的增長，英國菁英貴族名校Harrow（哈羅公學）的校長持相對看法：「大部分學校還是滿意A-level課程，對開設IBDP或劍橋大學新推出的Pre-U課程並不感興趣。」英國曼徹斯特一所同時開設IBDP和A-level課程的學校校長則說：「IBDP課程適合於某些學生，顯然不適合那些想專攻特定專業或學習偏科的學生。」

英國《衛報（The Guardian）》的評論指出，IBDP課程比最後只修3到4門課的劍橋A-Level課程更廣泛、更具有挑戰性，IBDP賦予學生跨學科思考的能力，整體上受到了較高的評價。

IBDP課程在美國的發展令許多教育專家跌破了眼鏡，「IBDP課程只適合於菁英教育」，這個傳統思維受到了挑戰。在美國的IBDP學校中，公立學校大約佔了90%。IBDP課程的開辦成本較高，公立學校寧捨棄本國課程而選擇IBDP，美國政府卻樂予贊助，因為，他們從IBDP教育中看到了希望和生機。

2008年，蓋茲基金會贊助IBO，由獨立的公司進行研究，初步的結論如下：「IB的DP課程部分在美國的公立教育系統中出類拔萃，因為它提供了一套嚴謹的、與大學銜接性強的綜合型教學系統，對普通能力的學生既適合又有價值，它可以改寫弱勢學生的命運。」

IBO又委託斯坦福大學的研究機構（SRI International）以兩所弱

勢社群學生為主的公立IBDP學校進行研究，也有相似的、令人鼓舞的重要發現。報告中指出，IBDP課程可以激發所有孩子潛在的學習能力，許多平庸的孩子在接受高水準的IBDP課程教育後，大學以後的發展超乎預期，在國際意識及公民責任感方面的表現尤其令人驚艷。

「公立教育研究中心（Center for Public Education）」附屬於「全美學校董事會協會」（NSBA），該機構於2012年10月11日公布了「高中嚴謹課程及學術忠告：協助學生成功之道」之調查研究，建議美國政府應該確保「所有高中生都能接受嚴謹的課程（Rigorous Curriculum）」，該報告的結論中指出，高中生修習AP及IBDP課程確實有助於日後在大學的成功。

IBDP對課程的廣度和深度要求甚高，同時重視學生能力的全方位發展。這個課程致力於培養學生的領導力、組織能力、創造力、批判性思維及高水準學術涵養，堪稱是培養領袖人才、社會菁英或學術巨擘的種子課程。至今仍有許多人認為IBDP不宜做為常民教育的課程，然而，看看IBDP在美國公立學校激起的迴響之後，教育專家們又有做不完的功課了！

2.IB的教育哲學：Education for Life（終生教育）

「終生學習」是IB課程最震撼人心的教育哲學，「自學力」是「終生學習」的重要元素，也是孩子們未來競爭力的指標。IBDP教育通過「自學力」的養成，試圖塑造學生成為具備十大卓越特質的未來公民。這十大特質如下：1.知識淵博的人、2.探究者、3.思考者、4.反思者、5.交流者、6.富有同情心的人、7.胸襟開闊的人、8.有原則

的人、9.敢於冒風險的人、10.全面發展的人。

　　下列學校和數據表示2011/2012的美國大學申請，每一組數據的前者表示持IBDP成績的錄取率，後者為該大學全部申請者的錄取率：斯坦福（15%/7%）、哈佛（10%/7%）、耶魯（18%/7%）、普林斯頓（16%/8%）、UC柏克萊（58%/26%）、UCLA（48%/23%）、杜克（28%/16%）、康乃爾（31%/18%）……。數字會說話，持IBDP成績申請世界名校的確具有優勢。但是，IBDP教育塑造學生成為擁有十大特質世界公民的人生優勢，申請大學名校的優勢就微不足道了。

3.IBDP課程，就讀前的認知和心理準備

　　紐西蘭華人家長普遍為了申請美國、英國大學名校而選擇IBDP，大部分Kiwi洋人則因為「課程內容較為成熟、全人教育傾向濃厚」而青睞IBDP課程。一位Kiwi家長說：「IBDP讓學生把知識和外面的、未來的世界緊密聯繫，孩子們了解不同文化，具有同理心，有益於培養真正的世界公民。」

　　很多華人家長對IBDP課程有著迷信、迷思，甚至是迷失的想法。有人誤認為申請世界頂尖大學持IBDP成績一定較有利，也有人懷疑IBDP成績是否被紐西蘭或國外的大學認可。這幾年我持續研究IB課程，經常關注IBO的官方網站（www.ibo.org），也接觸了許多IBDP課程的老師、學生和家長，更不時探討本地和全球各地IBDP學生申請美國、英國大學名校的結果。我建議，選擇IBDP課程之前，家長最好先評估課程內容、選課、考評、學習方式是否適合孩子。

IBDP的滿分是45分，最近幾年，全球IBDP的平均分落在29.5~29.8；單科滿分7分，全球各科平均分約4.6~4.7；全球IBDP的通過率則保持在77%-79%之間。您知道嗎？每年獲得IBDP滿分45的學生竟然佔了18%~23%。即使抱著以IBDP成績為「大學名校申請敲門磚」的念頭，請審慎評估一下，如果不是亮麗的IBDP成績，可能還不如以有很多Excellence的NCEA成績去申請國外大學。

　　英文的閱讀、寫作能力不佳，IBDP學生在TOK和EE兩個項目將遭遇較大的困難。IBDP課程不一定較難，但是，兩年內要完成那麼多學科，作業量又大，TOK、EE和CAS實踐項目費時又費事，時間緊迫感是IBDP學生的另類挑戰。學習動機不強、讀書效率差、時間管理能力欠佳的孩子將難以繳出優秀的成績。孩子執意要讀IBDP課程，請家長朋友們問他（或她）：「你準備好了嗎？」尤其在紐西蘭，Year 11是孩子進入IBDP課程的關鍵年，勢必要加倍努力才行！

　　全美首屈一指的「教育考試」輔導專家Adam Robinson說：「知識和理解能力不是老師賜予的，是學生自己努力獲取而來。高分學生並不真的比其他學生聰明，他們只不過是懂得『學習是自己的責任』罷了。高分學生不必依賴老師，因為他們發現了一條學習的基本準則——任何人教你都不如你自主學習的效果好。」NCEA、劍橋或IBDP何者較有利？「學習態度」才是決定要素！

五、幸福的紐西蘭孩子

紐西蘭的活潑教育，孩子的人生有無限的可能

1.別嘆「我們曾經輝煌」，優勢依然存在！

　　1999年我在台北誠品書局喜獲《紐西蘭的活潑教育》一書，作者林爽老師是紐西蘭知名的作家兼教育顧問，她在書中提及紐西蘭的華人移民日增，大多數是為了適齡子女的教育而來。如今這個趨勢更加強勁了，北半球世界的紛擾與日俱增，嚮往紐西蘭優質、安全生活的移民熱潮勢不可擋，如果不是「教育優勢」的加持，單憑迷人的陽光、空氣、水怎能具備這般魅力？

　　有些亞裔父母對於紐西蘭中小學孩子的輕鬆學習感到困惑、擔心，為什麼此地找不到像美國的Trinity或Phillips Academy、英國的Eton或Harrow這樣的「菁英寄宿中學」？您不必苛責和失望！紐西蘭的教育早已發展出了自己的「理想性」與「特色」。和我們的母國比較，孩子在這裡擁有高度的選擇權；而且，「快樂學習」是紐西蘭孩子的權利，這已經成為二十一世紀教育的普世價值。

　　林爽老師於1990年從香港移居紐西蘭，她在《紐西蘭的活潑教育》中指出，西方教育注重訓練孩子的思考及分析能力，鼓勵學生主動創作，故而採用「從實踐中學習」的啟發式教育法，同時更注重課

外活動教育，以期把學生培養成動靜皆宜、身心健全的完人。

總部設於紐約的Deloitte（德勤）是全球四大「國際會計師事務所組織」之一。我在AM936電台《優秀是教出來的》節目中專訪從美國UC柏克萊回來度假的Bill，是怎樣的特質和亮點？使他在大一時就與Deloitte簽約成為接受重點栽培的管理顧問。Bill表示，紐西蘭的教育主要教導學生「如何學習」，深遠的影響使他在UC柏克萊的社團活動中展現了多元的才華和能力，終於獲得Deloitte的青睞。林爽老師始於四分之一個世紀之前的體驗，依然歷久彌新，Bill的故事是一個最佳的見證。

二十世紀的90年代，聯合國教科文組織將紐西蘭的中小學教育評定為世界典範。2003年，世界經濟合作發展組織（OECD）對其成員國的國際學生測試項目（OECD Programme for International Student Assessment）展開調查，在41個國家中，紐西蘭學生的解決問題能力名列前茅。最近幾年的相同測試，紐西蘭15歲學生在閱讀、數學、科學和解決問題能力四個方面依然遠遠超出平均水準；在整體評估方面，紐西蘭還曾經是表現最出色的英語系國家呢！

2.「平等」和「個性化學習」，紐西蘭教育的精神

「平等」是紐西蘭基礎教育的基本精神。1939年，紐西蘭教育部宣布：「所有的人民，無論貧富，居住在鄉村或城市，都有資格接受免費教育至15歲，使他們具備行使公民權利的能力。」

基礎教育的平等首先表現在辦學形式的多樣化上。平等並不意味著所有人都要享受相同的教育，因為學生的多樣化，應該給學生不同

的選擇機會，使其享有不同的學校教育。因此，紐西蘭的父母有權利為孩子選擇就讀的學校。政府依據學校差異提供不同的經費補助，例如，依學生家庭經濟能力、社會背景將學校區分為Decile 1~ Decile 10十個等級，Decile越低者表示家長的平均收入越低，學校獲得的補助就越多。學校裡，依據學生的個別困難，學校和教師也有義務提供個別的輔助措施。

2006年7月，紐西蘭教育部長Steve Maharey在一次研討會上的講題是「Personalised Learning : Putting Students at the Heart of Education.」他大力鼓吹「個性化學習」，堅決主張應該把學生置於教育的中心。「個性化學習」的理念並非Steve Maharey首創，它早已體現在紐西蘭基礎教育的三大特色之中。

第一，因人而異，配置教材。學校根據國家統一的教學大綱施教，沒有全國統一的教材。教師必須考慮學生的個別差異自編教材，因材施教，為學生創造一個適合個性發展的情境。

第二，鼓勵開放性的學習。中小學校園內普遍佈置了豐富多彩、適合不同學生興趣和需求的學習資源，將環境和生活都變成活生生的教材，見證了「教育即生活、生活即教育」的理想。紐西蘭中小學生的學科應試能力或許不出色，但他們的生活自理能力、生存能力、解決問題能力普遍優於亞洲的孩子。

第三，重視激勵性的評價，排斥對孩子個人或團體之間的排名與評比。父母老師對孩子賞識有加，用鼓勵替代體罰。儘量讓孩子自己與自己比較，超越原來的自己就是進步，就值得嘉許。一水之隔的芳鄰澳洲就不同了，他們一樣鼓勵「賞識教育」，但也要孩子們體驗

「與同儕在競爭中自我提升」。因此，澳洲不乏全國性或地區性的數學、英文競試，成績發佈後還有分析、統計、排名呢！

紐西蘭的學校鼓勵學生創新和實驗，而不是單純的記憶和背誦。紐西蘭的教育目標在於力求學生獲得「個人能力所及的最高水準」，使每一個學生做為個人和社會成員時，能夠充分發揮自己的潛能，以創造「個性化學習」的最高價值。

3.生命會自己找到出路

有位媽媽在電話中花了很常時間詢問關於NCEA、劍橋、IB等課程問題，最後問她：「孩子多大了？」「3歲！」我差點暈倒。這位媽媽太過於焦慮了，願以電影《侏儸紀公園》中「生命會自己找到出路」的名言相贈。

2004年我的雙胞胎兒子台灣的小學畢業，來到紐西蘭從Year 7讀起，英文幾乎是0基礎的情況下，第一個學期的成績單每一科都註記著Emergency。「兒子，Emergency是什麼意思？」兒子搖頭，「上課聽得懂嗎？」「聽不懂！」「喜歡上學嗎？」「喜歡！」「快樂嗎？」「快樂！」嗯！快樂就好。如今一個念獸醫、一個學醫，這都是他們從小的興趣所在。

罐頭工廠式的教育體制，孩子受到壓抑的效應遠超過教育帶來的利多。這裡的孩子是幸福的！紐西蘭的活潑教育，孩子的人生有無限的可能。

鳴　謝

一、本書照片由林爽拍攝自以下幼兒園及學校，特此鳴謝：

　　Botany Downs Kindergarten

　　Celtic Kindergarten

　　Pigeon Mountain Kindergarten

　　Whiteacres Kindergarten

　　Auckland Normal Intermediate School

　　Botany Downs School

　　Dawson School

　　Remuera Primary School

　　Royal Oak Primary School

　　Tamaki Primary School

　　Somerville Intermediate School

　　Victoria Avenue School

二、多年來張老師因工作上的需要，從下列學校獲得了較多的教育資
　　訊，謹此致謝！當然，紐西蘭還有很多其他優質的、有特色的中
　　小學，因篇幅關係，張老師無法在這裡一一列出。

ACG Parnell College

ACG Senior College

Auckland Grammar School

Auckland International College

Botany Downs Secondary College

Epsom Girls' Grammar School

Macleans College

Northcote College

Onehunga High School

Sacred Heart College

St Mary's College

Takapuna Grammar School

Westlake Girls High School

Ponsonby Intermediate School

Freemans Bay School

Glendowie Primary School

Owairoa Primary School

紐西蘭的活潑教育

秀威經典　　　　　　　　　　　　　　　　新視野08　PD0026

紐西蘭的活潑教育
——移民留學之教育指南

作　　者／林　爽、張雲騰
責任編輯／林千惠
圖文排版／楊家齊
封面設計／蔡瑋筠

出版策劃／秀威經典
發 行 人／宋政坤
法律顧問／毛國樑　律師
印製發行／秀威資訊科技股份有限公司
　　　　　114台北市內湖區瑞光路76巷65號1樓
　　　　　電話：+886-2-2796-3638　傳真：+886-2-2796-1377
　　　　　http://www.showwe.com.tw
劃撥帳號／19563868　戶名：秀威資訊科技股份有限公司
　　　　　讀者服務信箱：service@showwe.com.tw
展售門市／國家書店（松江門市）
　　　　　104台北市中山區松江路209號1樓
　　　　　電話：+886-2-2518-0207　傳真：+886-2-2518-0778
網路訂購／秀威網路書店：http://www.bodbooks.com.tw
　　　　　國家網路書店：http://www.govbooks.com.tw

2015年10月　BOD一版
定價：350元
版權所有　翻印必究
本書如有缺頁、破損或裝訂錯誤，請寄回更換

國家圖書館出版品預行編目

紐西蘭的活潑教育:移民留學之教育指南 / 林爽, 張雲騰
著. -- 一版. -- 臺北市 : 秀威經典, 2015.10
　　面； 公分
BOD版
ISBN 978-986-92097-3-1(平裝)

　　1. 教育 2. 紐西蘭

520.972　　　　　　　　　　　　　　104015174

讀者回函卡

感謝您購買本書，為提升服務品質，請填妥以下資料，將讀者回函卡直接寄回或傳真本公司，收到您的寶貴意見後，我們會收藏記錄及檢討，謝謝！如您需要了解本公司最新出版書目、購書優惠或企劃活動，歡迎您上網查詢或下載相關資料：http:// www.showwe.com.tw

您購買的書名：_____

出生日期：_____年_____月_____日

學歷：□高中 (含) 以下　　□大專　　□研究所 (含) 以上

職業：□製造業　□金融業　□資訊業　□軍警　□傳播業　□自由業
　　　□服務業　□公務員　□教職　　□學生　□家管　　□其它_____

購書地點：□網路書店　□實體書店　□書展　□郵購　□贈閱　□其他
您從何得知本書的消息？
　□網路書店　□實體書店　□網路搜尋　□電子報　□書訊　□雜誌
　□傳播媒體　□親友推薦　□網站推薦　□部落格　□其他_____
您對本書的評價：(請填代號　1.非常滿意　2.滿意　3.尚可　4.再改進)
　封面設計____　版面編排____　內容____　文／譯筆____　價格____
讀完書後您覺得：
　□很有收穫　□有收穫　□收穫不多　□沒收穫

對我們的建議：_____

_____

_____

_____

11466
台北市內湖區瑞光路 76 巷 65 號 1 樓

秀威資訊科技股份有限公司 收

BOD 數位出版事業部

....

（請沿線對折寄回，謝謝！）

姓　　名：_____ 年齡：_____ 性別：□女　□男

郵遞區號：□□□□□

地　　址：_____

聯絡電話：(日) _____ (夜) _____

E - m a i l：_____